Christl & Gabriele Kurz

DIE VOLLWERT-KOCHSCHULE

Über 290 köstliche Gerichte
aus der berühmten Vollwertkochschule
in Bischofswiesen

WILHELM HEYNE VERLAG
MÜNCHEN

HEYNE KOCHBUCH
07/4608

Copyright © 1986 by Verlag Dr. Richter GmbH, München
Genehmigte Taschenbuchausgabe
Printed in Germany 1990
Umschlaggestaltung: Atelier Ingrid Schütz, München
Umschlagfoto: Fotostudio Teubner, Füssen
Innenfotos: Kurt Sattelberger, Füssen
Satz: Schaber, Wels
Druck und Bindung: Ebner Ulm

ISBN 3-453-04044-9

*Pater Ober
in Dankbarkeit gewidmet*

*... und all jenen,
die uns unserer Fehler
zum Trotz lieben*

»Glücklich ist ein Leben, das mit der Natur im Einklang steht, dazu muß der Geist gesund, kräftig und entschlossen sein, zudem rein und gelassen, sich in die Umstände fügend, auf seinen Körper und dessen Bedürfnisse sehend, die Gaben des Glücks nützend, ohne ihr Sklave zu werden. An die Stelle bloßer sinnlicher Genüsse tritt unerschütterliche Freude, Friede und Harmonie der Seele — gepaart mit Sanftmut, denn Roheit stammt stets aus Schwäche.«

Lucius Annaeus Seneca

INHALT

Die Fachpresse sagt: 9
Vorwort 11

Die Theorie 13
Vollwertkost 14
  Was bedeutet qualitativ hochwertig? 15
  Umdenken ist wichtig 16
  Konsequent umstellen — aber mit Geduld! 18
  Quantität anders bewerten! 19
  Der Mensch lebt nicht von Brot allein 20
  Wissenschaft und Vollwertkost 21
Von Säuren und Basen 23
Vom Fett 29
Vom Eiweiß 33
Von der Milch 35
Vom Zucker 38
Vom Salz 39
Getreide 41
Vom Weizen 46
Vom Dinkel 48
Vom Grünkern 50
Vom Reis 51
Von der Gerste 54
Von der Hirse 57
Vom Roggen 61
Vom Hafer 63
Vom Mais 66
Vom Wildreis 68
Vom Buchweizen 70

Von Gemüsen, Salaten und Obst — den Sonnenlichtessern	72
Von Keimen und Sprossen	77
Von der Kartoffel	79

Die Praxis ... 83

Liebe gehört dazu	84
Das Handwerkszeug	85
Begriffserklärungen	87
Vom Tee	93
Ein Frühstück, das gute Laune macht	100
Das Müsli	108
Von Brotaufstrichen und rohgerührten Marmeladen	117
Kuchen und Brot	124
Salate — Auftakt zu einem feinen Essen	190
Suppen	197
Vorspeisen und Zwischengerichte	210
Nudeln, Strudel, Spätzle	217
Getreide und Kartoffeln — die Hauptdarsteller	229
Feine Gemüse	259
Saucen	269
Desserts	277
Bonbons und Pralinen	293
Menü-Vorschläge	300
Für Eilige	302
Alphabetisches Rezeptregister	304
Register nach Sachgruppen	310

Die Fachpresse sagt:

Buchtips

Kochbücher gibt es viele. Und jetzt noch eines? — »Die Vollwertkochschule« von Christl und Gabi Kurz wendet sich vor allem an Neulinge, die sich für eine gesunde Küche interessieren, aber noch wenig Erfahrung mit Vollwertkost haben ...
Besonders nützlich für Hobbyköchinnen und -köche sind die Tricks und Kniffe aus der Praxis, die zum guten Gelingen der kulinarischen Köstlichkeiten beitragen. Hier geben die Autorinnen das küchentechnische Know-how weiter, das sie bei der Arbeit in ihrem biologischen Kurhotel gewonnen haben ...
Wer Vollwertiges vollendet genießen will, muß sich halt ein wenig Zeit nehmen: Feinschmeckerei und Fertiggerichte passen nicht zusammen.
neuform Kurier 5/87

☆

Neu auf dem Büchermarkt

Vollwertküche ist ein neuer Begriff, mit dem jede Hausfrau fast täglich konfrontiert wird. Ganz besonders haben sich Kurheime, aber auch Gaststätten mit dem Wesen der Vollwertküche auseinanderzusetzen. In dem Begriff steckt kein Sektierertum, sondern medizinische Erkenntnisse über eine gesunde, zeitgemäße Lebensweise.
Christl und Gabi Kurz haben sich in ihrem biologischen Kurhotel in Bischofswiesen bei Berchtesgaden auf dem

Gebiet der Rezeptur von Vollwertgerichten seit Jahren besonders hervorgetan. Die jetzt von ihnen erschienene »Vollwertkochschule« faßt die Ergebnisse ihrer Arbeit in leicht nachzuvollziehenden Rezepten zusammen ...

Freude am Essen Dez. 86/Jan. 87

☆

Bücher, die interessieren

»Die Vollwertkochschule«
Gesund leben möchten viele, meistens wissen sie aber nicht, wie sie das im Alltagstrott machen sollen. Dem hilft z. B. »Die Vollwertkochschule« ...

Fruchthandel 42/86

☆

Gesundes Kochen können Sie lernen

Daß auch Feinschmecker mit Vollwerternährung auf ihre Kosten kommen können, beweist ein neues Kochbuch: »Die Vollwertkochschule« von Christl und Gabi Kurz. Es weiht in die Geheimnisse der Vollwertküche ein — vom Frühstück über Hauptgericht bis hin zu Frischkostpralinen ...

Funk Uhr 46/86

☆

Im biologischen Kurhotel Bischofswiesen bei Berchtesgaden beweisen Christl und Gabi Kurz täglich, wie lecker gesunde Naturkost schmecken kann. Jetzt liegen ihre Erfahrungen in Buchform vor.

Frau im Spiegel

☆

Den Käse macht beispielsweise Christl Kurz vom »Kurhotel Berchtesgaden« längst selbst. Und wer ihn einmal probiert hat, wird sich zumindest schleunigst das Rezept verraten lassen.

Top Hotel 3/87

Vorwort

Lange genug konnte Gesundkost nur unter dem Aspekt der Vernunft existieren, nicht aber den Ansprüchen verwöhnter Gaumen standhalten. Denn unter dem Deckmantel *gesund* wurde und wird zu vieles angeboten, was dem Ruf der ohnehin bisher zu wenig ernstgenommenen Vollwertküche nicht gerade guttut.
Das Gerücht, daß gesunde Küche Medizincharakter haben muß, nach dem Motto: »Was bitter für den Mund, ist für den Magen gesund«, hat einen Schrecken verbreitet, der noch tief in den Knochen sitzt. Wer hat bloß die Vorstellung in die Welt gesetzt, man bekomme da nur radikal-darmsäubernde Derbheiten serviert?
Das klebt nun wie ein lästiger Makel an der im Grunde ganz unschuldigen Naturküche, die von Anfang an nichts anderes sein wollte, als eine natürliche, also logische und unverfälschte Art der Speisenzubereitung. Daß man dabei den kulinarischen Aspekt aus den Augen verlor, daran sind wohl jene verschrobenen Sonderlinge und Fanatiker schuld, die ihr eigenes gesundes Süppchen kochten, das eben jenem Medizincharakter bedenklich nahekam.
Daß sich Feinschmeckerei und Gesundheit mühelos auf einen Nenner bringen lassen, das hoffen wir mit diesem Buch zu zeigen.

Bischofswiesen,
Frühjahr 1986 *Christl und Gabi Kurz*

Die Theorie

»Wer sich die Gesundheit erwerben will, der muß sich von der Menge der Menschen trennen.
Denn die Masse geht immer den Weg gegen die reine Vernunft und versucht immer, ihre Leiden und Schwächen zu verbergen.
Laßt uns nie fragen, was ist das Übliche, sondern was ist das Beste.«

Lucius Annaeus Seneca (um 4 v. Chr. bis 65 n. Chr.)

Vollwertkost

Gerade jetzt, wo alternative Kost wieder zu einem heißen Thema geworden ist, wo durch bewußte Aufklärung allerorten das Wort »Gesundheit« ganz groß geschrieben wird und alle, die auf der neuen Welle mitschwimmen wollen, so manchen Unfug in Tüten verpackt an den Mann bzw. die Frau bringen, scheint es dringend geboten, die angeschwärzte Eß-Philosophie etwas zurechtzurücken.

»Am Anfang jeder Kochkunst steht die Natur — eine Küche kann nicht besser sein als die Produkte, von denen sie ausgeht.«
(Eckhard Witzigmann, »Kulinarische Kreationen«)

Voraussetzung ist ein klarer, gesunder und logischer Menschenverstand, der zunächst allen Ernährungslehren kritisch gegenübersteht. Keiner einzigen davon sollten Sie widerspruchslos zustimmen! Machen Sie vielmehr von Ihrem eigenen Verstand Gebrauch, gehen Sie mit wachem Bewußtsein an die Überlegung: Was ist mit dieser Speise geschehen, die da vor mir auf dem Teller liegt? Inwiefern wurde sie behandelt, verfremdet, denaturiert? Ist das Brennmaterial erstklassig genug, um es meinem Körper zum Verstoffwechseln anzubieten? Vorausgesetzt, Sie stellen Ihrem Denken nicht durch bequemes Selbstbeschummeln ein Bein, dann gelangen Sie auf diese Weise durch eigene Erkenntnis zum Kernpunkt jeder ver-

nünftigen Ernährungslehre: Zu Echtheit und Ehrlichkeit in der Nahrung.
Wir sind bei der berühmten »Vollwertigkeit« angelangt, was nichts anderes bedeutet als die natürliche Ganzheit und Unverfälschtheit qualitativ hochwertiger und vor allem frischer Nahrungsmittel, die so wenig wie möglich verändert werden sollen.
Eindringliche gesundheitliche Gründe zwingen auch Nicht-Körnerfans, sich mit dieser Art der Ernährung näher auseinanderzusetzen.

Was bedeutet qualitativ hochwertig?

Wie steht es um die Qualität unserer Nahrungsmittel? Was sich in den Auslagen der Geschäfte einladend in makellos-leuchtenden Farben und scheinbar prall-knackiger Form präsentiert, ist längst nicht immer das, was der Anschein verspricht. Zwar äußerlich schön, aber geschmack- und gehaltlos sind solche Dinge oft nicht nur für die Gesundheit, sondern auch für die Zunge wertlos. Nahrungsmittel aus biologisch-dynamischem oder biologisch-organischem Anbau sind da zwar die Konsequenz, aber immer noch schwer zu beschaffen. Damit dies nicht so bleibt und immer mehr gesunde Nahrungsquellen entstehen, sollten wir auch die Umstellbetriebe unterstützen, indem wir deren Erzeugnisse kaufen, auch wenn jene während der ca. 5jährigen Umstellzeit noch nicht als biologisch einwandfrei bezeichnet werden dürfen.
Wer notgedrungen schon bei der Qualität auf Kompromisse angewiesen ist, der kann zumindest auf Frische achten. Also lieber einem knackigen Kopfsalat aus dem Geschäft nebenan den Vorzug geben, der möglicher-

weise nicht einwandfrei angebaut wurde, aber immerhin noch wichtige Vitamine enthält, als einem biologisch-dynamisch gezogenen, der durch längere Lagerung bereits alle Blätter traurig hängen läßt — da sind zwar keine Gifte drin, aber auch keine Vitamine mehr. Die lassen sich übrigens nicht mehr zum Leben erwecken; selbst wenn man den schlappen Salatkopf in ein mit Mineralsalzen angereichertes Wasser legt. Der Salatkopf ist nun einmal abgeschnitten und sein innerer Stoffwechsel dadurch beendet; der Abbauprozeß muß unweigerlich eintreten. Anders verhält es sich da z.B. beim Getreidekorn. Dieses ist ein in sich abgeschlossener Organismus mit einem eigenen unversehrten Stoffwechsel, der erst durch Aufschließen (mahlen, schroten), nicht aber durch Ernten unterbrochen wird. Diese Tatsache macht Getreide, sofern es luftig und trocken gelagert wird, zu einer Naturkonserve, die nahezu unbegrenzt haltbar und keimfähig, also lebendig bleibt.

Umdenken ist wichtig!

Wer kennt nicht den Spruch »Du bist, was Du ißt« — und lebendig wollen wir ja alle sein ...
In der Küchenpraxis angewandt, bedeutet dies, *der ungekochten Nahrung immer den Vorzug zu geben, denn nur sie ist frisch, lebendig und naturbelassen.*
Damit diese Energie auch in unseren Körper gelangt, darf Obst, Gemüse, Getreide etc. nicht nach dem Schneiden und Zubereiten lange ungegessen herumstehen, sonst verflüchtigen sich alle wichtigen Vitamine, ehe angerichtet ist.
Gravierender noch als durch diese Oxydation ist die Entwertung durch Erhitzen, Pasteurisieren und Konservieren, denn da kommen neben dem Energieverlust auch

noch die Umwandlung ins saure Milieu und die Eiweißdenaturierung hinzu.

Mindestens genauso wichtig ist die Tatsache, daß lebendiges Eiweiß eine Verbindung mit Magnesium eingeht und in der grünen Pflanze als Chlorophyll in Erscheinung tritt. In Mensch und Tier hingegen verbindet es sich mit Eisen zu dem roten Blutfaserstoff Hämoglobin. Dies wird durch Erhitzen unwirksam.

Die Frischkost also ist's, die uns gesund macht und -erhält. Dadurch, daß im Körper ständig alte Zellen absterben und neue sich wieder aufbauen (mit Ausnahmen, wie Gehirn- oder Nervenzellen), hat jeder jederzeit die Chance, durch bewußte Ernährung sich Bissen für Bissen einen gesunden Körper zu schaffen.

Konsequent gehandelt, bedeutet das folgende Umstellung:

- Der rohen Nahrung den Vorzug geben, also täglich frische Salate, Wurzeln und Fruchtgemüse (Tomaten, Gurken, Paprika usw.) essen.
- Jeden Tag ca. 60 g Vollgetreide — geschrotet oder gekeimt — zu sich nehmen und Mehl nur frisch gemahlen verwenden.
- Sogenanntem lebendigen Fett (Nüssen, Mandeln, Ölsaaten) — ideal erst im Mund mit den Zähnen »kaltgepreßt« — den Vorzug geben; so entsteht keinerlei Verlust durch Lagerung oder Sauerstoffzersetzung.
- Zucker durch Honig ersetzen.
- Rahm und Butter (ideal wäre nicht pasteurisiert), sowie Vollkornbrote und Getreidegerichte nach Lust und Laune essen.

Daraus ergibt sich, daß eine Vielzahl von Lebensmittelprodukten zu meiden ist, weil sie im Sinn unserer kriti-

schen Anfangsfrage »Was ist mit dieser Speise geschehen, inwieweit wurde sie bereits behandelt, verfremdet, denaturiert?« nicht unserer Vorstellung von einer idealen Ernährung entspricht.
Daß wir außerdem kein Fleisch (natürlich auch keine Fleischprodukte) verwenden oder empfehlen, ergibt sich aus dem bisher Gesagten wohl als selbstverständlich.

Konsequent umstellen — aber mit Geduld!

Mancher, der aufgrund dieser Einsichten umstellt und eifrig Rohsalate und gekeimte Körner knabbert, wird zunächst jedoch enttäuscht sein. Das versprochene Wohlbefinden läßt auf sich warten, statt dessen stellen sich möglicherweise Blähungen und Völlegefühl ein.
Vergleichen Sie das Ganze mit einem Sportler: Ein solcher gewöhnt seinen Körper auch allmählich durch konsequentes und sich langsam steigerndes Training an die höheren Belastungen, bevor er Höchstleistungen bringt. Genauso sollten Sie vorgehen bei der Umstellung. Konsequent, aber mit Geduld.
Wie lange die Umstellungszeit dauert, ist schwer zu sagen, da sie von Mensch zu Mensch verschieden ausfällt. Manchmal sind es nur wenige Tage, oft aber auch Wochen und Monate. Während dieser Zeit sollten Sie jedoch von den neuen Richtlinien nicht abweichen.
Nur derjenige, der unter Entzündungen, Reizungen und Geschwüren im Magen-Darmbereich leidet, darf nicht gleich auf fordernde Frischkost umsteigen, sondern sollte zuerst mit magenstreichelnden Getreidesüppchen (aus gemahlenem Vollgetreide ohne Zusatz von Salz und Kräutern) seine Verdauungsorgane auf die kommende bal-

laststoffreiche Nahrung vorbereiten, bevor er behutsam den Frischkostanteil steigert.

Ansonsten aber ist *Schonkost* nicht zu empfehlen, da die Organe nicht ruhiggestellt, sondern gefordert werden müssen, wenn sie kräftiger werden sollen.

Quantität anders bewerten!

Sie sehen, daß ein enormer Umdenkprozeß vonnöten ist, um falsche Vorstellungen über Bord zu werfen. Das betrifft nicht allein die Qualität; auch die Quantität muß anders bewertet werden. Der Mensch ißt einfach zuviel. Daß das nichts Neues ist, beweisen Dokumente aus längst vergangenen Kulturen. Z.B. stand auf einem altägyptischen Papyrus, vor 5700 Jahren geschrieben:

»Die meisten Menschen essen zuviel. Von $1/4$ dessen, was sie verzehren, leben sie, von den restlichen $3/4$ leben die Ärzte.«

Und Plinius sagte:

»Es ist der Bauch, für dessen Befriedigung ein Großteil der Menschen arbeitet und der die meisten Leiden für die Menschheit bringt.«

Dieser Fehler hält sich bis heute, noch immer futtern wir ein Vielfaches dessen, was wir im Alltag als Energie wieder hinauspulvern können. Dies führt, davor warnten uns schon immer die Ärzte, zur Überbelastung des Stoffwechsels und zu vorzeitiger Erschlaffung der Organe.

Die Lösung lautet: *Weniger essen, dafür länger kauen!*

Der Genuß beim Essen ist ohnehin nur kurz, nämlich nur so lange, wie die Speise sich im Mund befindet und geschmeckt werden kann. Fazit: Wer länger kaut, hat mehr vom Essen. Nicht nur, weil er länger Gaumenfreuden huldigen kann, auch, weil dadurch die Speisen besser eingespeichelt und somit vom Körper vorteilhafter ausgewertet werden können. Und einige wichtige Inhaltsstoffe einer Speise werden sogar ohnehin über die Mundschleimhaut aufgenommen. So werden die Organe nicht nur entlastet, sondern der Körper wird auch besser versorgt.

Wer sich an unsere Vorschläge hält, der darf sich nicht nur gesund — sondern man staune — auch schlank essen! Das einzige, dem er dann nicht nachgeben darf, ist der Zwischen-den-Mahlzeiten-Heißhunger. Auch der herzhafte Biß in einen Apfel oder eine Karotte sind tabu — selbst wenn das noch so gesund ist.

Denn es geht darum, daß der Körper zwischen den Mahlzeiten Gelegenheit hat, sein eigenes überflüssiges Fett zu verbrennen. Beschäftigen wir ihn aber ständig mit neuen Nahrungsmitteln, kommt er nie dazu, Überschüsse abzubauen.

Der Mensch lebt nicht von Brot allein ...

Wenn wir an dieser Stelle die optimale Versorgung des Körpers ansprechen, dann meinen wir damit nicht ausschließlich das, was sich im Materiellen abspielt. Vollwertigkeit schließt auch denjenigen mit ein, der ißt, seine Einstellung, sein Bewußtsein. Er leistet einen wesentlichen Beitrag, der ebenso wichtig ist wie Qualität, Frische und Naturbelassenheit der Produkte.

Die Tatsache, daß durch gedankliche Hinwendung der Speisenaufnahmeprozeß aufgewertet, der Körper darauf vorbereitet werden kann, läßt ahnen, daß das Bibel-Zitat »Der Mensch lebt nicht von Brot allein« eine Berechtigung hat.

Um Ordnung in uns zu ermöglichen, müssen wir auch in unserem Denken Ordnung schaffen, uns auf das Wesentliche konzentrieren und Unwesentlichem keine Beachtung schenken. Fanatismus und sonstige Extreme haben dann keine Chance.

Ernährung allein ist nicht alles, um körperliches wie geistiges Wohlbefinden zu erzeugen. Wer sie überbewertet, vergißt, daß weit mehr Dinge nötig sind, um ein gesundes, harmonisches Ganzes aufzubauen, z. B. ausreichend Schlaf, Bewegung an frischer Luft, natürliche Körperpflege, natürliche Kleidung usw.

Wer auf diese Weise sein inneres und äußeres Gleichgewicht stabilisiert, dessen Gesundheit gerät auch nicht gleich ins Wanken, wenn er sich mal zu einem Stück Torte aus Weißmehl und Zucker hinreißen läßt. Das ist vielmehr ein Gradmesser seiner Gesundheit. Es wäre schon enttäuschend, könnte sein körnertrainierter Organismus die übliche denaturierte Kost nicht spielend verdauen! Solch kleine Extratouren dürfen ihm nicht das geringste Magenzwicken entlocken.

Wissenschaft und Vollwertkost

Nicht erst jetzt, da der Körper bei einem Großteil unserer Zeitgenossen nicht mehr reibungslos funktioniert, sein Stoffwechselgeschehen nicht mehr lautlos und verläßlich abläuft und er durch kleine, aber lästige Mängel unser Wohlbefinden sabotiert, horchen wir auf.

Die Folgen falscher Ernährung und Lebensweise haben schon vor längerer Zeit viele Wissenschaftler und Ärzte vorausgesehen, deren Botschaft man wohl hörte — allein es fehlte der Glaube.

Die Liste der einsamen Rufer in der Wüste reicht von *Dr. Max Bircher-Benner,* der bereits um 1900 gegen den Unfug in der Ernährung wetterte, über *Walter Thiele* in den 20er Jahren, *Prof. Dr. Werner Kollath, Are Waerland, Prof. Werner Zabel, Dr. Max-Otto Bruker, Prof. Dr. Claus Leitzmann, Dr. Helmut Anemüller* und *Dr. Georg Schnitzer* in der heutigen Zeit.

Schon in der Antike wußte man über gesunderhaltende Ernährung Bescheid, was in uns überlieferten Schriften nachzulesen ist.

Aus so verschiedenen Zeiten die Ratschläge auch kommen, so eindeutig ist eine Tendenz erkennbar:

Die Gesunderhaltung des wertvollsten Partners, den wir besitzen — unseres Körpers — durch vernünftige Ernährung und vernünftige Lebensweise muß oberstes Gesetz für jeden Einzelnen von uns sein.

Die Nahrung, mit der wir unseren Körper aufbauen und erhalten, soll vor allem natürlich sein.

Wenn sie das ist, dann haben Zivilisationsübel und schlechte körperliche und seelische Verfassung kaum eine Chance.

Wie heißt es doch schon im Klassischen Altertum? *Mens sana in corpore sano* (Juvenal) — ein gesunder Geist (wohnt) in einem gesunden Körper.

Von Säuren und Basen

»Unsere Bestimmung ist es, die Gegensätze richtig zu erkennen, erstens nämlich als Gegensätze, dann aber als Pole einer Einheit.«

Hermann Hesse

Unendlich wichtig sind diese beiden entgegengesetzten Pole in der Welt der Stoffe. So wichtig nämlich, daß bei nur geringer ungleichmäßiger Betonung in Richtung »sauer« unsere gesundheitliche Grundstimmung ins Wanken gerät. Um ein gesundes Ganzes zu erhalten, muß die Rechnung zwischen Säuren und Basen ziemlich genau aufgehen, und Raum für Toleranzen gibt es kaum.
Grundsätzlich haben wir es hier mit einer chemischen Grobeinteilung zu tun, an der kein Stoff der Welt vorbeikommt: Er wird entweder in die Kategorie »säurebildend« oder »basenbildend« eingeordnet, oder eben »neutral«, sofern er zu den wenigen zählt, die sich genau um den Mittelpunkt herum bewegen.
Gemessen wird der sogenannte ph-Wert, wonach sich Säurebildner im Bereich von 1—7 ph bewegen, 7 der Neutralpunkt ist und ab 7 ph aufwärts die basenbildenden Stoffe beginnen. Diese Stoffe halten tatsächlich, was ihr Name verspricht; einleuchtend also, daß auch alles, was der Mensch an Eßbarem täglich in sich hineinschaufelt, entweder saures oder alkalisches Milieu im Körper bildet.
Damit menschliches Blut gesund ist, verlangt es einen ph-Wert von 7,33. Der anzustrebende Harmoniepunkt

ist demnach die Mitte zwischen beiden Polen, wenn auch deutlich mit Schlagseite in Richtung »Base«.

Jener gesunde Gleichklang, von dem hier die Rede ist, kann nur, Wissenschaftler wie *Dr. Ragnar Berg, Dr. Max Bircher-Benner* haben's bestätigt, über die Ernährung erreicht werden.

Wer also Hunger auf Gesundheit hat, der muß viel Basenbildendes essen. Denn im Gegensatz zum krankmachenden Säureüberschuß in unserer Nahrung schadet uns ein Basenüberhang keineswegs, nein, er erleichtert sogar die innere Atmung, bindet Kohlensäure und legt letztlich eine Alkalireserve im Blut an. Daß wir so etwas notwendig brauchen, rechtfertigt die Tatsache, daß auch beim Zellabbau, der ja ständig stattfindet, Säuren entstehen (ebenso durch Ärger: »Ich bin sauer!« oder angestrengte Muskelarbeit: wir haben Muskelkater). Jene werden, wie übrigens auch alle Säuren, die durch Nahrung in unseren Körper gelangen, mit je einer Base gebunden, daraus entsteht ein neutrales Salz, welches leicht ausgeschieden werden kann.

Wer nun aber seinem Körper ständig »Saures gibt«, wird einsehen, daß dieser mit der Zeit auch sauer wird und entsprechend reagiert. Doch vorerst zeigt er sich nachsichtig mit unserer Genußsucht:

Sobald übermäßig viel Säure durch die Speise in unseren Körper gelangt und dort ein ebensolches Milieu erzeugt, fängt dieser an, aus eiweißreicher Nahrung die organische Base Ammoniak herzustellen, um die unerwünschten Säuren damit abzubinden. Dabei wird natürlich das zugeführte Eiweiß nicht mehr ausschließlich für den Zellaufbau verwendet; aus diesem Grund wollen wohl jene Stimmen, die eine überaus eiweißreiche Nahrung fordern, nicht verstummen, da ein an Basen unterernährter Körper tatsächlich mehr Eiweiß braucht. Darum ist bei basenreicher Kost der Eiweißbedarf um ein Wesentliches

geringer. Warum die Sache mit dem Eiweiß dennoch verzwickt ist, lesen Sie im Kapitel über Eiweiß.
Was aber, wenn die Eiweißversorgung nicht ausreicht, um alle Säuren zu vertilgen? Der Organismus weiß sich zu helfen, und zwar greift er dann als nächstes seine ureigenen Alkalireserven im Kalk des Knochengerüsts und den Gefäßwänden an. Spätestens hier begreifen wir, wie ernst die Natur es mit dem ph-Wert meint.
Klar, daß jeder noch so emsig gehortete Vorrat irgendwann zur Neige geht und die Folgen einer Fehlernährung sich durch unbequeme Mangelerscheinungen bemerkbar machen: Schäden an Zähnen und Gelenken und an den Bandscheiben; Krampfadern, Hämorrhoiden und Osteoporose, zu deutsch: Knochenschwund entstehen.
Schafft der Körper es trotzdem nicht, das Gleichgewicht von Säuren und Basen wiederherzustellen, was leider der Fall ist, wenn wir fast nur Säurebildendes zu uns nehmen, dann bleibt ihm nichts anderes übrig, wie als letzte Verzweiflungstat den nicht mehr zu bewältigenden Säureüberschuß auszukristallisieren und ins Blut abzuschieben. Das führt zu Blutgerinnung, Blutverdickung, was wiederum die Herzarbeit erschwert und Stauungen in den Kapillargefäßen verursacht, wodurch Zellen und Organe nicht mehr ausreichend mit Nährstoffen versorgt werden können.

Stellen Sie sich ein solches Harnsäurekristall vor. Seine Gestalt ähnelt einem kleinen, sehr spitzen Schneekristall. Nun treten diese nicht einzeln, sondern in der Masse auf, gelangen — wie beschrieben — ins Blut und werden darin zunächst in die entlegensten Bereiche des Körpers abtransportiert, dahin, wo sie am wenigsten stören, nämlich in die Haut. Dort abgelagert, stellt sich beim Menschen ein merkliches Gefühl der Berührungsempfindlichkeit ein, es treten Spannungen in Schulter und

Nackengegend auf. Ist dort kein Platz mehr für Ablagerungen, dienen Gelenke und Schleimbeutel als körperliche Mülldhalden; die Folgen sind Nierengrieß und -steine, ein schmerzhaftes »Reißen und Stechen« läßt jede Bewegung zur Qual werden, das Gewebe wird gereizt und das Ergebnis sind die weitverbreiteten Zivilisationsübel namens Rheuma und Gicht.
Wir lernen daraus: Der ahnungslose Alles-Esser ist vom »Selbstmörder mit Messer und Gabel« nur einen Gedankensprung weit entfernt.
Verfolgen wir aufmerksam, was in uns passiert, während wir im Gaumenbereich irdischen Genüssen huldigen: Ist z.B. das Essen zu »sauer« und der basische Bauchspeichel schafft es nicht, den richtigen ph-Wert im Darm herzustellen, so müssen neue basische Säfte von der Bauchspeicheldrüse produziert und in den Darm geschickt werden.
Dabei wird vom Magen Salzsäure gebildet, die nun völlig fehl am Platze ist, da der Speisebrei den Magen längst verlassen hat. Sie bleibt also untätig im Magen liegen und macht durch Aufstoßen und Magenzwicken auf sich aufmerksam. Und weil Salzsäure eine scharfe Säure ist, reizt sie die Magenschleimhaut, führt zu Gastritis und Magengeschwüren. Irgendwann kapituliert dann unser Magen und stellt seine Salzsäureproduktion ganz ein. Jetzt aber leiden wir unter Säuremangel, versuchen diesen durch Medikamente auszugleichen und der Magen wird gänzlich seiner Funktion enthoben, so als hätte er Schuld an dem ganzen Desaster und müßte unschädlich gemacht werden.
Dabei wäre im Grund genommen alles denkbar einfach. *Dr. Ragnar Berg* hat hierzu eine Entdeckung gemacht: wenn wir $7 \times$ soviel Basenbildendes wie Säurebildendes zu uns nähmen, so seine Zauberformel, würden Schwierigkeiten gar nicht erst auftreten.

Wer also Gesundheit essen will, muß zuallererst umdenken, umstellen, umgewöhnen. Unsere Tabelle soll in diesem Sinne Klarheit schaffen.

Mit buchhalterischer Genauigkeit sollten Sie allerdings nicht vorgehen, wenn Sie in Zukunft Ihren Speisezettel aufstellen. Schließlich sollen wir frei sein vom Fanatismus auf dem Gebiet der Ernährung, der von ängstlichem Breichenlöffeln bis hin zu selbstzerstörerischer Völlerei reicht. Tabellen sind lediglich Richtlinien, an denen man sich informieren kann.

Säurebildner — Basenbildner

Säurebildner	Basenbildner
Fleisch, Fleischbrühe, Fisch, Wurst	
Hühnereiweiß	Hühnereigelb
Milch, Rahm, Butter, Käse, Quark, Joghurt, Kefir } pasteurisiert	Milch, Rahm, Butter, Käse } nicht pasteurisiert
Bohnenkaffee, schwarzer Tee	Kräutertee
Schokolade, Kakao	Carob (Johannisbrot)
Alkohol	
Fabrikzucker	
Honig	
Auszugsmehl, Vollkornmehl, Grieß	
Hafer, Gerste, Roggen, Weizen, Reis, Mais	Hirse, Buchweizen, alle gekeimten Getreide
Brot und Backwaren (auch Vollkorn)	
Teigwaren (auch Vollkorn)	
gehärtete Fette und Öle	kaltgeschlagene Fette und Öle (Säuren-Basen-Gleichgewicht)

Säurebildner	Basenbildner
Walnüsse (mit Ausnahme frisch geernteter Nüsse, sog. Schälnüsse)	frisch geerntete Nüsse in der Schale (auch Walnüsse, sog. Schälnüsse)
Erdnüsse	Kastanien
Hülsenfrüchte (mit Ausnahme der Sojabohne)	
alle gekochten Gemüse (Ausnahme: Artischocken, Rosenkohl, Spargel und Rhabarber ... sind roh und gekocht säurebildend)	Sojabohne alle rohen Gemüse und Salate Kartoffeln (sind roh und gekocht basenbildend) Gemüsebrühe (wenn Gemüse nach dem Kochen entfernt wird)
Früchte (grün geerntet und in Lagerhallen ausgereift. Ausnahme Banane ist immer basenbildend)	Früchte (in der Sonne gereift) Banane

Zusammengestellt nach *Hedy Bircher-Rey*: »Wie ernähre ich mich richtig im Säuren-Basen-Gleichgewicht?« und *Dr. Aschoff*: »Ernährungsrichtlinien für Patienten, die gesund werden und bleiben wollen.«

Vom Fett

Es ist ein offenes Geheimnis, daß Fett den Weg zur Rundlichkeit polstert. Um so geheimnisvoller mutet es an, daß trotz spartanischer Fettentsagung ständig mit den Pfunden gekämpft wird, während so mancher mit Sahne und dickgeschmiertem Butter-Vollkornbrot seiner Unförmigkeit erfolgreich zu Leibe rückt.
Wo steckt der Denkfehler? Man vergaß, zu unterscheiden, daß es zweierlei Fette gibt — Fette mit gesättigten und ungesättigten Fettsäuren.
Die gesättigten sind — banal gesagt — satt, gehen also keine weiteren Verbindungen ein. Mit solchen Fetten kann unser Körper nichts Sinnvolles anfangen, denn sie gehen keine chemischen Reaktionen mehr ein. Er schiebt sie ins Gewebe und in die Innenwände der Blutgefäße ab.
Im Gegensatz dazu können wir von den ungesättigten, also noch lebendig-aktiven Fettsäuren nur Lobenswertes berichten. Sie gehen im Körper sinnvolle Verbindungen ein (meist mit Eiweißstoffen) und sind somit für den reibungslosen Ablauf des inneren Stoffwechsels zuständig — der auch die unbeliebten Fettpölsterchen abtransportiert.
Daneben sind sie Träger der fettlöslichen Vitamine A, D, E und K, die, wie ihr Name schon sagt, sich nur in Fett lösen und nur dann vom Körper ausgewertet werden können.
Das ist auch das Geheimnis der Öl-Eiweiß-Kost von *Dr. Johanna Budwig,* denn durch die ungesättigten Fettsäu-

ren wird die Zellatmung aktiviert, was der Entwicklung von Krebszellen entgegenwirkt.
Fett ist ein wichtiger Energiespender, und Sie dürfen es getrost essen, sofern es das richtige ist. Fettarme Nahrung ist demnach Mangelkost, die dem Körper Wichtiges vorenthält.
Richtig sind prinzipiell alle ungesättigten und hochungesättigten Fettsäuren in Form von Butter aus nichtpasteurisiertem Rahm, kaltgepreßten Ölen und allen ölhaltigen Früchten, Nüssen und Samen.
Fette sind um so verdaulicher, je mehr sich ihre Schmelzpunkte der Körpertemperatur nähern. So steht an erster Stelle Olivenöl, gefolgt von Butter, die ebenfalls bei 37°C zu schmelzen beginnt. Nüsse sind außerordentlich wertvolle Nahrungsmittel, da ihr Fett nicht isoliert wie beim Öl, sondern in seiner natürlichen Ganzheit mit Eiweiß, Kohlenhydraten und Mineralien genossen wird.
Bei Nüssen und Ölsaaten ist zu beachten, daß diese frischgehackt oder -gemahlen werden, da ihr Fett hochempfindlich ist und augenblicklich oxydiert, sobald es aufgeschlossen wird. Je kürzer die Zeit an der Luft, desto größer die Chance, die wertvollen Inhaltsstoffe unversehrt dem Körper anzubieten. — Wer es ganz genau nimmt, »mahlt« Nüsse und Ölsaaten erst im Mund und gewinnt so das beste Fett der Welt.

Inhaltsstoffe von Nüssen und Ölsaaten

Erdnuß 40% Fett, 30% Eiweiß, schwer verdaulich, stark säureüberschüssig — wir verwenden sie fast überhaupt nicht.

Haselnuß Fettgehalt 60%, Eiweiß 15%, außerdem reich an Magnesium, Kalzium, Phosphor und Eisen, leicht basenüberschüssig.

Kastanien	3 % Fett, 4 % Eiweiß, basenüberschüssig.
Kokosnuß	35 % Fett, 4 % Eiweiß, viele Mineralstoffe, Vitamine der B-Gruppe und etwas Vitamin E, basenüberschüssig.
Kürbiskerne	45 % hochwertiges Fett, 32 % Eiweiß, Vitamin E, viel Kieselsäure und Zink, Vitamin B_1 und E, hervorragende Heilwirkung bei Blasen- und Prostata-Leiden.
Leinsamen	20 % Eiweiß, 35 % Linolsäure, sehr viel Vitamin E, Mineralstoffe und Spurenelemente, basenbildend.
Mandel (süß)	54 % Fett, davon 95 % hochungesättigte Fettsäuren, 21 % Eiweiß, außerdem Vitamin B-Komplex, Vitamin E und Provitamin A, Eisen, Kupfer, Mangan und Magnesium, basenüberschüssig, wirkt positiv auf die Blutbildung und Zellerneuerung.
Pinienkerne	50 % Fett, 30 % Eiweiß, reichlich Kalk, Lecithin, Vitamine der B-Gruppe, basenüberschüssig.
Pistazien	50 % Fett, 20 % Eiweiß, basenüberschüssig.
Sesam	20 % Eiweiß, 42 % Linolsäure, sehr viel Kalzium, Eisen, Magnesium, Kieselsäure, Kupfer, Chrom, Nickel, Vitamin E und B, basenbildend, hoher Lecithinanteil.
Sonnenblumenkerne	50 % Fett, 30 % Eiweiß, Mineralstoffe reichlich, Vitamine A, B, E, K und Lecithin — besonders hoch der Anteil an

	hochungesättigten Fettsäuren (50 %), basenüberschüssig.
Walnuß	Fettgehalt 60 %, 15 % Eiweiß, Magnesium, Kalium, Schwefel, Phosphor, die Vitamine A, B, E und viel Lecithin als Nervenaufbaumittel, leicht säureüberschüssig; keine geschwefelten Nüsse kaufen, die schwefelige Säure wirkt Vitamin B- und Ferment zerstörend.

Vom Eiweiß

Eiweiß ist wichtig. Das stimmt. Was nicht stimmt ist, daß wir viel Eiweiß essen müssen, damit wir keinen Eiweißmangel erleiden. Zum einen, weil Eiweiß in vielen Lebensmitteln, wie z.B. frischen, nicht erhitzten Pflanzen, Milch, Getreide usw. gar nicht so sparsam vorhanden ist. Zum anderen, weil Eiweiß hitzeempfindlich ist. Wer es kocht, denaturiert es und macht es für seinen Körper weniger wertvoll.

Eiweiß in 100 g eßbarer Substanz:

Äpfel, süß	0,3 g	Kohlrabi	2,0 g
Bananen	1,1 g	Rosenkohl	4,7 g
Birnen	0,5 g	Rote Rüben	1,6 g
Erdbeeren	0,7 g	Spargel	2,1 g
Kirschen	1,2 g	Spinat	3,2 g
Pflaumen	0,7 g	Tomaten	1,1 g
Zitronen	1,1 g	Weißkraut	1,4 g
Blumenkohl	2,7 g	Zwiebel	1,5 g
Erbsen	6,3 g	Champignons	2,8 g
Kartoffeln	2,1 g	Walnüsse	14,8 g
Karotten	1,1 g	Vollreis	7,5 g
Kopfsalat	1,3 g	Hirse	10,6 g

◁ *Vollkornbrot und -brötchen* (Rezepte S. 150 bis 154, 166 bis 171 und 180 bis 189)

Weizenkorn	11,7 g	Mais	9,2 g
Roggen	9,3 g	Hühnerei	12,9 g
Hafer	12,6 g	Kuhmilch	3,1 g
Gerste	10,6 g	Schafsmilch	5,0 g

(Zusammengestellt aus: »Documenta Geigy« entnommen aus *Lothar Wendt* »Die Eiweißspeicher-Krankheiten«, *Prof. Dr. Werner Kollath,* »Getreide und Mensch« und *Dr. Max-Otto Bruker/Ilse Gutjahr,* »Biologischer Ratgeber für Mutter und Kind«.)

Es stellt sich die Frage: Wieviel Eiweiß braucht der Mensch, um gesund zu sein?
Nach dem derzeitigen Stand der Wissenschaft weit weniger, als bisher angenommen wurde. Nur 38 g pro Tag sollen im Durchschnitt nötig sein.
Mehr noch: Man hat herausgefunden, daß Frischkost (rohe Salate, geschrotetes oder gekeimtes Getreide) und gewisse Eiweißkombinationen, wie z. B. Früchte mit Getreide und Nüssen
oder grüne Blätter mit Getreide und Nüssen
oder Wurzeln mit Getreide und Nüssen
oder Kartoffeln mit Milch
sich so vorteilhaft ergänzen, daß wir sogar mit weniger als den angegebenen 38 g Protein pro Kopf und Tag spielend auskommen.
Daß Vegetarier also Eiweißunterernährung riskieren, ist mittlerweile offensichtlich als Märchen entlarvt.

Von der Milch

Zu den meistgelobten Nahrungsmitteln kann sie sich zählen, die Milch. Gesund soll sie sein, unentbehrlich für besseres Lernen bei Schülern, für Kinder überhaupt und nicht nur das, auch die Erwachsenen bis hin zu den Großeltern sollten ihrer Vitalität und Lebensfreude zuliebe Milch trinken, heißt es. Milch als die Allround-Gesundheits-Garantie. Nicht ganz — aber lesen Sie selbst.
Für den Säugling ist sie zunächst lebensnotwendig. Sie — das ist nicht irgendeine Milch, nein, die arteigene Muttermilch muß es sein, unerhitzt und ganz frisch, dann ist sie \ basenbildend \ und lebendig — ist optimale Vollwertkost.
Die menschliche Muttermilch enthält erstaunlicherweise nur 2 % Eiweiß und doch verdoppelt der Säugling damit in kurzer Zeit sein Gewicht. Sie ist Nahrungsmittel in säuglingsgerechter Form, leichte Kost, und doch macht sie den kleinen Körper stabil, denn sie enthält viel Kalk. Muttermilch stellt für den Säugling Aufbaunahrung dar. Etwa nach 6 Monaten allerdings sollte er sich allmählich an Beigaben von Getreide, eisenhaltigem Obst und Gemüse gewöhnen, was als fortschreitender Abnabelungsprozeß von der Mutter zu verstehen ist, denn im Mutterleib wird er noch über den Blutkreislauf der Mutter ernährt, unmittelbar nach der Geburt von der Milch der Mutter, später durch festere Nahrung, die schon nicht mehr von der Mutter ist. Auf diese Weise festigt er sich psychisch und physisch, wird selbständiger und unabhängiger.

Ebengenanntes läßt durchblicken, daß Milchnahrung nicht vorbehaltlos als ideales Nahrungsmittel gesehen werden darf.

Z. B. wird im Organismus, wenn die »Milchzeit« abgelaufen ist, die Produktion des Labfermentes eingestellt, welches das Milcheiweiß aufspaltet und verdaulich macht. (Denken wir an die Käseherstellung: 1 Messerspitze Lab aus Kälbermägen kann 5 l Milch zum Gerinnen bringen). Das erklärt die bekannte Milchunverträglichkeit. Reaktionen können allgemeine Infektanfälligkeit, Mandelentzündungen, Polypen, Husten, Schnupfen, Bronchitis und Verschleimung des gesamten Lymphsystems sein. Auch bei Säuglingen können allergische Abwehrreaktionen auftreten, z. B. Milchschorf, Durchfall oder Nabelkoliken, wenn sie anstelle der Muttermilch beispielsweise Kuhmilch bekommen, oder wenn die Mutter, deren Milch der Säugling trinkt, Kuhmilch zu sich nimmt.

Untersuchungen haben überdies ergeben, daß die Milchunverträglichkeit bei Kindern und Erwachsenen um so häufiger auftritt, je früher diese im Säuglingsalter mit Kuhmilch genährt wurden.

Wer regelmäßig zu viel Milch trinkt, kann Übersättigung des Blutes mit Kalk riskieren, den der Körper dann mangels Gebrauchsmöglichkeit als Körnchen und Knötchen bis hin zur Geschwulstgröße ins Unterhautfettgewebe abschiebt. Dies ist nur durch absolute Milchabstinenz wieder heilbar.

Bei Milch ist also Zurückhaltung geboten. Auch Milchprodukte sollten nicht im Übermaß gegessen werden. Wir wollen Sie nicht zur Milchabstinenz anstiften. Es geht schlicht darum, die Dinge ins rechte Licht zu rücken. Milch (in welcher Form auch immer) ist nur als Hauptnahrungsmittel und vor allem bei Krankheiten nicht zu empfehlen, da jede Art von tierischem Eiweiß den Genesungsprozeß beeinträchtigt.

Pasteurisierte und homogenisierte Milch hat ihre Vollwertigkeit eingebüßt. Auch der ph-Wert hat sich ungünstig in Richtung Säure verschoben.
Nur frische oder nicht pasteurisierte Milch ist basenbildend. (Von der Wichtigkeit des Säuren-Basen-Haushalts lesen Sie auf den Seiten 23—28.)
Mit Joghurt und Kefir ist es im Handel schon schwieriger, denn selbst in Reformhäusern und Naturkostläden sind diese aus pasteurisierter Milch. Was Sie jedoch nicht tun sollten: Dem Irrglauben verfallen, Magermilchprodukte seien gesünder.
Das Gegenteil ist der Fall: Vollfetter Quark und vollfetter Käse schmecken am besten und sind am verdaulichsten.
An dieser Stelle sei ein Heilmittel genannt, das gerade für die Leber von Bedeutung ist: Die Schafsmilch. Sie ist besonders leicht verdaulich und besitzt einen hohen heilerischen Wert.
Ihr hoher Orotsäuregehalt (Vitamin B) wirkt dem Krebsgeschehen entgegen.
Laut *Ida Schwintzer* (»Das Milchschaf«) baut Orotsäure hochwertiges Zellkerneiweiß auf und wirkt dadurch regenerierend, aufbauend und heilt Blutarmut. Sie regeneriert und baut zerstörte Organe, vor allem die Leber, wieder auf, altersbedingte Ablagerungen bis auf $1/5$ ab, verhindert damit die Brüchigkeit der Gefäßwände und erhält geistige Frische bis ins hohe Alter. Außerdem dient Orotsäure als »Schlepper« für das lebenswichtige und krebsfeindliche Magnesium.

Orotsäuregehalt in mg/l

Schafmilch 350—450, Kuhmilch 100, Ziegenmilch 63, Muttermilch 7.

Vom Zucker

Fabrikzucker verwenden wir aus inzwischen allgemein bekannten Gründen nicht.
Wenn unser Körper Zucker braucht, dann ist vielmehr jener genannt, den ihm das Getreidekorn liefert. In seinen Randschichten befinden sich Vitalstoffe und 6 B-Vitamine, die die Stärke in 6 Stufen in brauchbaren Zucker verwandeln. Und was die Süße angeht: Honig! Er hat gesundheitlich einiges zu bieten; z. B. die Vitamine B_1, B_2, B_3, B_5, B_6, B_8 und B_9, den Wirkstoff *Inhibin,* der antibakterielle Eigenschaften besitzt und Honig deshalb bei Husten, Bronchitis, Lungenleiden und Infektionen der Harnwege empfehlenswert macht. Des weiteren kräftigt er Herz und Nerven und sorgt für einen süßen Schlaf. In kleinsten Mengen und verdünnt eingenommen soll Honig bei Hautkrankheiten lindernd wirken. Allerdings gilt auch hier: nur unerhitzter Honig ist im Vollbesitz seiner Wirksamkeit. Zuviel davon ist jedoch ungesund — wer Honig gläserweise konsumiert, riskiert Ekzeme, Schädigungen an Leber, Magen und Zähnen. Es empfiehlt sich daher, das Idealmaß von 1—2 TL Honig pro Person und Tag zumindest im Auge zu behalten.
Die zweite Eigenschaft des Honigs, seine Süße, die je nach Sorte von waldig-geschmackvoll bis nur-süß ausfällt, ist wahrscheinlich die dem Gaumen sympathischere.
Mit Honig lassen sich luftige Parfaits, flaumige Torten, zartschmelzendes Eis so überzeugend und geschmacklich überraschend süßen und würzen — falls es sich nicht um neutralen, sondern aromatischen Honig handelt —, daß das mehr als verlockend ist.

Vom Salz

Wir wollen Ihnen nicht das Salz aus der Suppe nehmen. Aber wenn wir hier behaupten, daß viele sich ihr Leben ganz schön versalzen, dann ist das nicht übertrieben.

Nicht nur, daß die Allgemeinheit einen beachtlichen Kochsalzverbrauch an den Tag legt (pro Tag und Kopf liegt er etwa zwischen 15 und 30 g), um die durch zu langes Kochen verjagten Geschmacksstoffe zumindest einigermaßen wieder wettzumachen. Daneben gesellt sich noch ein ganz heimlicher Salzkonsum hinzu, von dem die wenigsten wissen, und gibt uns das Rätsel auf, weshalb die Rate der Bluthochdruck-Erkrankungen hartnäckig höher klettert, obwohl wir uns laut Statistik redlich bemühen, weniger Kochsalz (wenn auch immer noch mehr als genug) zu verwenden.

Mittlerweile ist man dahintergekommen. Schuld haben weniger jene salzigschmeckenden und weit harmloseren Chlorsalze, die wir uns ins Essen streuen, sondern das geschmacksneutrale Natrium, welches 10× mehr Wasser an sich bindet und mit dem eine ganze Reihe von Lebensmitteln haltbar gemacht wird.

Diesen vermeintlich nicht konservierten Lebensmitteln werden uns meist unbekannte Mengen Natrium zugeführt; daß diese nicht zu gering bemessen werden, dürfte uns der Verstand klarmachen: Je mehr Natrium, desto länger die Haltbarkeit!

Klar, daß man da lange von der Idealmenge von 3—7 g Kochsalz pro Tag und Nase predigen kann, wenn sich heimlich das unwissentlich eingeschleuste Natrium in unserem Körper zu schaffen macht.

Dabei spielt Natrium in Verbindung mit Chlor für unseren Elektrolythaushalt eine nicht unbedeutende Rolle (zu 1 % kommt Natriumchlorid in unserem Blut vor). Allein auf die Dosis kommt es an, doch deren Soll ist mit nicht erhitzten Wurzeln, Blättern, Kräutern, Früchten, Nüssen und Milch locker zu erfüllen. Auch nicht erhitztes und nicht enthärtetes Quellwasser ist ein natürlicher Salzlieferant. Wir brauchen also nicht noch extra Salz zuzufügen, da der natürliche Bedarf im normalen Alltag verschwindend gering ist.
Nun, während des Kochvorganges werden die Aromaträger, die Mineralsalze, herausgelöst, das Aroma verduftet im wahrsten Sinne des Wortes. Durch den Raum ziehen verführerische Düfte, während im Topf gähnende Geschmacks-Leere herrscht. Daher empfinden wir im Gaumen fade Enttäuschung, wenn wir gekochte, ungesalzene Speisen essen und greifen reflexartig zum Salzstreuer, um das Aroma »aufzubessern«.
Um 100%iges, einwandfreies Vollsalz zu erhalten, muß man schon geduldig und lange suchen (man kann es in Reformhäusern und Naturkostläden finden).
Hier die Frage der Vollwertigkeit anzusetzen lohnt nicht, da Sie Salz (hoffentlich) nicht zu Ihrem »Gewürz« Nr. 1« auserkoren haben — Kenner würden sich ja lieber die Zunge abbeißen, als die kleinen, weißen Körner mit so feinen Gewürzen wie Basilikum, Liebstöckel, Majoran, Thymian etc. in einem Atemzug zu nennen.
Der Pfiff wird ohnehin mit Gewürzen und allerlei Gartenkräutern gezaubert. Da hat die Prise Salz nur noch die Aufgabe, diesem Feingeschmack Profil zu verleihen.

Getreide

»So eßt immer vom Tische Gottes: Die Früchte der Bäume, das Korn und die Gräser des Feldes ...«

Das Friedensevangelium der Essener

Das volle Korn ist Eiweiß-, Vitamin- und Mineralstoffspender erster Klasse und diente in fast allen Hochkulturen als Grundlage der Ernährung.
Wer einmal ein Vollwertgericht gegessen hat, aus vollem Korn, frischen Kräutern und Gemüsen meisterhaft zubereitet — denn »nur in der kulinarischen Brillanz ist diese Kost zumutbar«, wie Eduard Brecht zu sagen pflegte (die Normalkost übrigens auch, Anm. d. Verf.) — den wird das volle, runde Aroma des ganzen Korns überzeugen, seine Eindeutigkeit, die Charakter, nicht glatte, langweilige Ebenmäßigkeit zeigt.
Daß die Gerichte aus ganzen Körnern in jeder Hinsicht ein Genuß werden, setzt voraus, daß Sie über eine eigene Getreidemühle verfügen (vorzugsweise mit echten Naturmahlsteinen), in der Sie Ihren jeweiligen Bedarf stets ganz frisch mahlen und sofort verwenden können. Denn sobald das Korn aufgeschlossen ist, beginnt die Oxydation, und wichtige Inhaltsstoffe verflüchtigen sich.
Aus diesem Grunde sollten Sie niemals Mehl auf Vorrat

mahlen und es auch nicht einmal ½ Stunde unverarbeitet herumstehen lassen.

Hier ein Vergleich zwischen Auszugs- und frischgemahlenem Vollkornmehl

	Weiß- od. Graumehl	Vollkornmehl
Provitamin A	—	3,3 mg je kg
Vitamin B_1	0,7	5,1
Nicotinsäureamid	7,7	57
Pantothensäure	23	50
Vitamin E	—	24
Kalium	1150	4730
Kalzium	60	120
Eisen	7	44

Aus: *Prof. Werner Kollath:* Die Ordnung unserer Nahrung.

Will man Getreide voll auswerten, ist noch eine Sache zu beachten: Im Getreidekorn befindet sich *Phytin,* ein Komplex, der die Mineralstoffe an sich bindet und verhindert, daß diese in Magen und Darm gelöst werden. Dieses Phytin läßt sich durch das Enzym *Phytase* unwirksam machen, welches nicht etwa durch Kochen oder sonstwie entsteht, sondern wenn man das Getreide ½–3 Stunden in Wasser einweicht.
Allerdings soll der menschliche Darm nach längerer vollwertiger Ernährung selbst in der Lage sein, Phytase herzustellen — »Ungeübte« aber können zunächst unter Mineralstoffmangel leiden, weichen sie das Getreide nicht einige Zeit in Wasser ein.
Einweichen also nicht nur, um Müslischrot mundgerecht aufzuweichen oder die Kochzeit zu verkürzen — der Hauptgrund ist das Phytin.
Apropos Einweichen: Wird Getreide über längere Zeit in Wasser eingeweicht, keimt es aus — das Zeichen, daß es

noch lebendig ist. Deshalb immer eine Keimprobe machen, bevor Sie größere Mengen Getreide kaufen! Durch das Keimen werden Kohlenhydrate im Korn verbraucht, das Korn entwickelt sich zur Pflanze hin, es wird basenbildend im Gegensatz zum in der Regel säurebildenden Korn. Eiweiß und Fett werden durch den Keimprozeß für den Organismus leichter aufnehmbar und der Vitamingehalt erhöht sich um ein Vielfaches, z. B. steigt der Vitamin-C-Gehalt z. T. um 500—600 %.

Im übrigen kann an dieser Stelle das Fleisch seines Privilegs als alleiniger Vitamin-B_{12}-Lieferant enthoben werden:

Vitamin-B_{12}-Steigerung nach der Tabelle aus *Viktoras Kulvinskas* »Leben und Überleben, Kursbuch ins 21. Jahrhundert« (mg/g Keime):

	1. Tag	2. Tag	3. Tag
Mungobohne	0,61	0,81	1,53
Linse	0,43	0,81	1,53
Kichererbse	0,35	1,09	1,22
Grüne Erbse	0,36	1,27	2,36

Sie sehen: Im gekeimten Getreide sind ganz andere Kräfte wirksam als im ruhenden Korn, deshalb sollten Sie beide in einem ausgewogenen Verhältnis zu festen Bestandteilen Ihrer täglichen Nahrung machen. Dabei reicht es völlig aus, wenn der Getreideanteil $1/7$—$1/10$ der Tagesgesamtnahrung ausmacht.

Zur Vorsicht aber sei noch hinzugefügt, daß jene feinen, frischen, selbstgekeimten Getreide gemeint sind, die vor Lebensenergie strotzen. Logisch, daß wir diese hochwertige Nahrung nicht wieder irgendwie zerstören, also weder kochen, noch rösten oder backen.

Die Anleitung zum Keimen und zur Sprossenzucht finden Sie auf den Seiten 77—78.

Obwohl wir i.a. von Produktbeschreibungen absehen, um nicht hinlänglich Bekanntes zum x-tenmal wiederaufzubereiten, haben die folgenden Seiten, die sich ausführlich mit den einzelnen Getreidesorten befassen, ihre Berechtigung. Denn das volle Korn, in der derzeitigen Normalkost so gut wie unbekannt, ist aus der Vollwertküche nicht wegzudenken.

Obwohl es für bewußte Ernährung von grundlegender Bedeutung ist, findet man darüber meist nur lückenhafte Informationen.

Sich bewußt ernähren heißt, die Wirkung der Nahrungsmittel erkennen und ihre Kräfte gezielt einsetzen. Wenn das Ganze dann noch mit Liebe zum Produkt verbunden ist, mit Hinwendung und Engagement, dann steht einer guten und obendrein gesunden Küche eigentlich nichts mehr im Wege.

In diesem Sinne haben wir uns auf den folgenden Seiten nicht auf Herkunftsland, Anbau, Verwendungsmöglichkeiten usw. beschränkt.

Vorweg sind die jeweiligen Urprinzipien genannt, Ursymbole, die den gesamten Kosmos durchziehen und auf sämtlichen Ebenen Repräsentanten haben — in diesem Fall wird dies an den verschiedenen Getreiden gezeigt, zum besseren Verständnis haben wir die zugehörigen Himmelskörper und Wochentage angefügt. »An jedem Tag der Woche wirkt eine andere schöpferische Energie. Die Natur und mit ihr alle Lebewesen, seien es Pflanzen, Tiere oder Menschen, befinden sich in diesen Schwingungen, sie baden und schwimmen in jener Kraft, die in der Natur an jedem Tag wirkt.« (Aus *Elisabeth Haich, Der Tag mit Yoga*.)

Darunter darf aber keinesfalls eine Anleitung verstanden werden, an welchem Tag welches Getreide gegessen werden soll. Jene Zuordnungen sollen lediglich zum besseren Verständnis der Grundprinzipien dienen und Ih-

nen ein bewußtes Verwenden der Getreidesorten ermöglichen.
So wäre es z. B. nützlich, an Tagen, an welchen besonderes Einfühlungsvermögen von Ihnen gefordert wird, mit Reisnahrung zu unterstützen, wenn Gartenarbeit ansteht, Hafer zu essen usw.
Sie merken: Rückbesinnen auf Althergebrachtes ist in diesem Fall kein Rückschritt, sondern ein Schritt vorwärts in ein neues Bewußtsein.

Vom Weizen

Urprinzip: Lebenskraft, Kreativität
Fixstern: Sonne
Wochentag: Sonntag

Der Weizen war schon immer etwas Besseres. So verwundert es auch nicht, daß damals, als die Griechen und Römer an Stelle des derben dunklen Brotes aus Vollgetreide einem weißgesichtigen, blassen Gebäck den Vorzug gaben, ausgerechnet er es war, der Snob unter den Getreiden, der die Gesellschaft der Reichen und Vornehmen suchte. Kein anderes Getreide ließ sich nämlich so verfeinern wie der Weizen. Das liegt daran, daß sich seine reichen Inhaltsstoffe fast ausschließlich in den Randschichten aufhalten, während der weiße Stärkekern nur wenig Nährwert enthält. So war es ein Leichtes, durch Abschälen der wertvollen Randschichten und Bleichen, um auch noch dem letzten verbliebenen Restchen an Inhalt jene vornehme Blässe zu verleihen, welche die Feinen und Edlen so schätzten, aus Weizen ein gesellschaftsfähiges Nichts zu machen.

Da dies aber ein kostspieliges Unterfangen war, konnten es sich nur die ganz Privilegierten leisten, solches Brot zu essen und das gemeine Volk, das weiterhin mit dem »Groben und Unfeinen« zufrieden sein mußte, blieb gesund — zumindest zunächst, bis Weißbrot auch für niedrigere Volksschichten erschwinglich wurde.

Doch abgesehen von all dem Unfug, den der Weizen geduldig mit sich machen ließ, ist er überhaupt ein sehr wandlungs- und anpassungsfähiges Getreide.
Er ist das Urbild züchterischer Leistung des Menschen, denn aus Einkorn, Emmer und Dinkel haben sich schätzungsweise 200 verschiedene Weizenarten entwickelt. Der Weizen, den Sie heute kaufen können, stammt aus der Dinkelreihe (vom Dinkel berichten wir anschließend). Überall auf der Erde wird Weizen angebaut, er ist das Hauptgetreide der Erdbevölkerung.
Hauptgetreide und noch viel mehr war der Weizen für die alten persischen und ägyptischen Sonnenreligionen, wo er als Gabe des Sonnengottes empfangen wurde. In ihm, so die Überlieferung, sei die Kraft der Sonne materialisiert und durch Essen des Weizenkornes könne man sich diese Lichtenergie einverleiben.
»Laßt Euch erfüllt sein von den geistigen Kräften der Sonne; die Sonne geht in Euch auf, indem Ihr die Früchte des Feldes genießt. (...) seid Euch bewußt: Aus dem weiten Weltenall ist der Geist der Sonne in Euch eingezogen und in Euch lebend geworden.« *(Zarathustra).*
In seiner natürlichen Ganzheit enthält das Weizenkorn große Mengen wichtiger Mineralstoffe, Vitamin E für gesunde und schöne Haut, Vitamin B_1 für Nerven und Muskelgewebe, Vitamin B_2 zur Aktivierung des Stoffwechsels, Kieselsäure fürs Knochengerüst und das gesamte Stützgewebe, hochwertiges Keimöl zum Aufbau der Nerven, gegen Blutarmut, Herz- und Kreislaufstörungen und Hautausschläge.
Ein Vitamin- und Mineralstoffspender par excellence, dieses Sonnengetreide. Das scheinen sich auch die römischen Soldaten zunutze gemacht zu haben, denn es wird überliefert, daß jede Kohorte eine fahrbare Getreidemühle mitführte, um die 850 g Tagesration Weizen pro Person immer frisch zu mahlen.

Vom Dinkel

Urprinzip: Lebenskraft, Kreativität
Fixstern: Sonne
Wochentag: Sonntag

Dinkel ist der Ur- und Edelweizen, der »große Vater« unseres heutigen Weizens, und das dürfen Sie wörtlich verstehen, da ein Dinkelkorn fast doppelt so groß ist wie ein Weizenkorn. Im Gegensatz zum anpassungswilligen Weizen sträubt er sich gegen alle Kunstdüngergaben und sonstigen Dinge, die ihm sein gewohntes Plätzchen verändern könnten.

Er ist heute nicht mehr so häufig anzutreffen wie früher, als regelrecht ganze Gegenden vom Dinkelanbau lebten (Dinkelacker, Dinkelsbühl), da es mühsam ist, ihn zu hohen Erträgen zu kultivieren. Aber der Dinkel läßt keinen Kompromiß zu, er ist nun einmal ein Konservativling — zu unserem und seinem eigenen Vorteil, versteht sich. Seiner Sturheit nämlich haben wir es zu verdanken, beim Dinkelkauf mit ziemlicher Sicherheit ein Getreide aus biologischem Anbau zu erwerben. Und er konnte seinen ureigenen Charakter bewahren, nämlich außergewöhnliche, fast unverschämte Schmackhaftigkeit und vorzügliche Backfähigkeit — Brote und Kuchen aus Dinkel gehen besonders gut auf und schmecken mehr als delikat. Und noch etwas: Man sagt ihm nach, er sei wenig fettbildend.

Sie dürfen sich also nach Herzenslust ins Eßvergnügen ohne Reue hineinstürzen (auf Seite 230—231).

Vom Grünkern

Urprinzip: Lebenskraft, Kreativität
Fixstern: Sonne
Wochentag: Sonntag

Grünkern ist Dinkel, der noch nicht erwachsen ist. Er wird in der Milchreife geerntet, wenn der Stärkekern noch cremigmilchig ist und dann über dem Holzkohlenfeuer bei ca. 120°C drei Stunden »gegart«, also geröstet.

Dabei mausert sich das Milchkorn zu einer ernstzunehmenden Delikatesse, raffiniert genug, um in so manchem Fleischesser die Illusion vom Hackfleisch-Pflanzerl zu wecken, obwohl er gerade ein braves Grünkernlaiberl auf dem Teller hat.

Leider hat der Grünkern durch das Darren seine Lebendigkeit eingebüßt und kann folglich weder gekeimt werden, noch eignet er sich fürs Müsli.

Aber er bietet hervorragendes Kochmaterial, kann sich guten Nährwerts und leichter Bekömmlichkeit rühmen und geschmacklich beeindrucken.

Vorschläge auf Seite 229—230.

Vom Reis

Urprinzip: Gefühl, Empfindsamkeit
Himmelskörper: Mond
Wochentag: Montag

Die legendäre Schale Reis ist nicht mehr das, was sie einmal war. Wenn von Reis die Rede ist, dann sieht fast jeder vor seinem geistigen Auge dampfende Schüsseln gefüllt mit schneeweißen Körnern ... und fast jeder erinnert sich im selben Moment daran, daß seine Geschmackssinne davon völlig unberührt bleiben, denn weißer Reis allein schmeckt nicht fein.

Und da haben wir's schon: Wie soll man hier der Maxime der hohen Kochschule folgen, nämlich den Materialien ihren Eigengeschmack lassen, ihn höchstens unterstreichen, wenn diese gar keinen besitzen?

Merkwürdigerweise aber macht man sich viel Arbeit mit dem Reiskorn, bis es endlich farb- und geschmacklos in unserem Essen landet: Zunächst wird geschliffen und poliert, dann wird der Reis glasiert und glänzend gemacht, anschließend wird »veredelt« und ihm ein makellos-weißes Aussehen verliehen.

Tja, und dann schmeckt er dermaßen langweilig, daß es schon einer groben Verfälschung bedenklich nahekommt, will man aus weißem Reis ein interessantes Gaumenerlebnis zaubern.

Durch eben beschriebenen Vorgang aber wird nicht nur der Geschmack, sondern auch der Gehalt auf ein Minimum reduziert.

Ungeschälter Reis enthält 7mal soviel Vitamin B_1, 3mal soviel Eisen und doppelt soviel Kalzium wie geschälter Reis! Daneben sind im naturbelassenen Reis viel Kalium, Magnesium, Phosphor, Kupfer, Mangan, Zinn, Fluor, die Vitamine E, B_2, B_6, Askorbinsäure, Inosit und Eisen vorhanden.

Im Hinblick auf den Eisengehalt möchten wir darauf hinweisen, daß Eisen zur Blutbildung wichtig ist. Wer viel Eisenhaltiges zu sich nimmt, hat auch genügend rote Blutkörperchen und friert weniger. So kommt es wohl, daß Blasse (ein Zeichen von zuwenig roten Blutkörperchen) leicht frösteln.

Doch eine der herausragendsten Eigenschaften dieses Getreides ist, daß es frei von *Gliadin* ist, jenem Eiweißbaustein, der Menschen mit einer Klebereiweiß-Allergie, »Zöliakie« genannt, zu schaffen macht. Solche brauchen auf die notwendige Getreideversorgung keineswegs verzichten, sondern können auf Reis (auch Hirse und Buchweizen) ausweichen.

Apropos Eiweiß: Eiweiß und Stärke gehen im Reis eine besonders herzliche Verbindung ein; sie sind nahezu unzertrennlich. Dadurch bildet sich reichlich Schleim, wenn man gemahlenen Reis in Wasser aufkocht und der eignet sich vorzüglich als Heilmittel bei Magen- und Darmreizungen sowie als Säuglings- und Kleinkinderernährung.

Reis wirkt blutdrucksenkend, entwässernd und anregend auf die Nieren, da er ausgesprochen wenig Natrium enthält. Er reguliert also den Wasserhaushalt im Körper.

Und noch etwas: Man liest, Reis sei das Getreide des Phlegmatikers, schwach mit der Erdenkraft verwurzelt und halte das Bewußtsein des Reisessers in einem na-

hezu träumenden Zustand. Dadurch könne sich dieser leichter geistigen Dingen öffnen.
Die Tatsache, daß all die Meditationstechniken aus dem Osten kommen, dorther, wo der Reis beheimatet und Hauptnahrungsmittel ist, macht diese Behauptung durchaus glaubhaft.

Auf Reiszubereitungen, deren Ergebnis weder in gesundheitlicher noch in geschmacklicher Hinsicht Mangelkost ist, dürfen Sie auf den Seiten 232—234 hoffen.

Von der Gerste

Urprinzip: Energie, Impuls
Planet: Mars
Wochentag: Dienstag

Zwar findet heutzutage die Gerste noch in der Bierbrauerei Verwendung, womit der für die Mehrheit wahrscheinlich einzige »gesunde« Grund der Gerstenverarbeitung genannt sein dürfte. Zu Zeiten unserer Vorväter jedoch stand sie in hohen Ehren — wohlbegründet, wie sich gleich herausstellen wird.

Denn die Gerste verfügt über eine reiche Vitamin- und Mineralausstattung. Nach der Wirkstofftabelle von *Prof. Schweigart* enthält sie einen hohen Anteil an Kieselsäure, Vitamin B_1, Vitamin B_2, Vitamin E und Vitamin B_5. Letzteres verhindert das Ergrauen der Haare und schützt vor Hautentzündungen. In Kombinationen mit Vitamin C und Inosit, beides ebenfalls reichlich in der Gerste vorhanden, reguliert eben dieses Vitamin B_5 die Blutfettwerte und wirkt der Arteriosklerose entgegen. Auf genügend Inosit im natürlichen Verbund wie z. B. in der Gerste, aber auch in vielen Blättern und Pflanzensamen ist deshalb zu achten, da Inositmangel zu Haarausfall und bei Kindern zu Wachstumsstörungen führen kann.

Wer die Gerste als volles Korn verwendet, braucht Derartiges nicht zu befürchten; hat sie doch die Möglichkeit,

all ihre hervorragenden Fähigkeiten voll zu entfalten, und die sind auch sonst von nicht unerheblichem Wert.
Bei Magen- und Darmschwäche z. B. tut eine ganz einfache Gerstenschleimsuppe Wunder (sie wird aus frischgemahlenem Vollgerstenmehl, einer Prise Meersalz und Wasser gekocht), bindet Giftiges aus einem gestörten Stoffwechsel und regt durch den Kohlehydratprozeß die Leberfunktion an. Ebenso kräftigt sie die Lunge und beugt Bandscheibenschäden und Bindegewebsschwäche vor.
Früher stellte man aus ganzen Gerstenkörnern ein Getränk her (200 g davon in 2 l Wasser 2 Stunden kochen), das man abgeseiht dem Fieberkranken zu trinken gab. Dieses *Barleywater,* so nannte man es, wirkte kühlend und temperatursenkend bei fieberhaften Zuständen. Nun, da ja prinzipiell die rohe Nahrung der »Totgekochten« vorzuziehen ist, erscheint es uns heute besser, einen Kaltauszug aus Gerste herzustellen:
In ¼ l kaltes Quellwasser rühren wir 1 EL frischgemahlenes Vollgerstenmehl und lassen diese Mischung in einem Glasgefäß ca. ½—5 Stunden stehen. Anschließend abseihen. Wem diese pure Form zu spartanisch ist, der kann zum Schluß noch eine Spur Honig, evtl. eine Banane und etwas Zitronensaft hinzuquirlen und das Ganze auf Trinktemperatur erwärmen (aber nicht über 42 °C erhitzen!).
Apropos spartanisch: In der Astrologie wird die Gerste dem Dienstag und dem Planeten Mars, dem Kriegsgott der Antike, zugeordnet.
Doch damit nicht genug, diesem Korn kam in früheren Zeiten noch mehr Bedeutung zu. Vermutlich steht es am Beginn menschlicher Kultur und formte sich als erstes Gerste aus den Gräsern heraus. Denn auf altägyptischen Darstellungen finden wir es bereits abgebildet; Homer nennt es in seiner »Odyssee« das »Mark der Männer«, und Überlieferungen sagen uns, daß am Anfang der grie-

chischen Geschichte fast ausschließlich Gerste angebaut wurde. Im alten Griechenland legte man auf richtige Ernährung besonderes Augenmerk und mit allgemeiner Übereinstimmung galt die Gerste als Kraftspender erster Güte.
So viel Gutes wagt man eigentlich gar nicht zu vermuten, wenn man erfährt, wie anspruchslos die Gerste sich den unterschiedlichsten Klimaten anpaßt: Sie wächst nahezu überall.

Was Sie aber vermuten dürfen, ist, daß Gerstengerichte im Geschmack keineswegs anspruchslos sind. Wen unser Wort nicht überzeugt, der hat auf den Seiten 236 bis 238 die Gelegenheit, seinen Gaumen von der Gerste erobern zu lassen ...

Von der Hirse

Urprinzip: Kommunikation, Intellekt
Planet: Merkur
Wochentag: Mittwoch

Wer beim Wort »Hirse« unweigerlich Vogelfutter und der durch das Märchen hinlänglich bekannte Brei in den Sinn kommt, ahnt nicht, daß sich aus ihr nicht nur Verdauliches, sondern durchaus sehr Delikates machen läßt. Wobei wir nicht zögern, zu bekennen, daß hierfür nicht einmal besonderes Können vonnöten ist. Denn wie immer man sie auch zubereitet, stets fügt sie sich fein, aber mit nachdrücklichem Wohlgeschmack in das jeweilige Gericht ein. Zurückhaltung wäre also bei Hirsegerichten völlig unangebracht, da deren schmackhafte Zubereitung weder kompliziert ist, noch revolutionär anmutende Rezepte verlangt, um sie einem anspruchsvollen Gaumen zugänglich zu machen.

Aber sie ist nicht nur geschmacklich ein Tausendsassa. Schon 100 g Hirse nämlich decken den Tagesbedarf eines Erwachsenen an Eisen, Fluor, Phosphor und Kieselsäure. Diesen Mineralstoffreichtum sammelt sie an, indem sie mit Hilfe unzähliger, feiner Haarwurzeln jedem

noch so kargen Boden etwas abgewinnt, denn sie liebt ausgesprochen warmes, sonnenreiches Klima mit sandigem, trockenem Boden. Wohl deshalb gedeiht sie noch heute im Norden Afrikas so gut, wo auch ihre Urheimat vermutet wird. Erstmals schriftlich erwähnt wurde die Hirse 2300 v. Chr. in einer Verordnung des chinesischen Kaisers Shen-Nung über die als heilig geltenden Getreide.
Äßen wir regelmäßig Hirse, bekämen wir keine Krampfadern und Hämorrhoiden, unsere Haut fühlte sich frisch und glatt an, das Haar wäre voll und glänzend, der Glaskörper des Auges klar, Sehnen, Bänder und Blutgefäßwände sowie die Wände von Magen und Darm wären elastisch und Zähne und Nägel fest. Gelenkschäden und -entzündungen träten nicht auf.
Da in der Hirse vor allem sehr viel Kieselsäure enthalten ist, stärkt sie die Sehkraft und bei einer konsequent durchgeführten »Hirsekur« kann so manche Hautkrankheit ausgeheilt werden. Alle Organe der Gürtellinie, wie Magen, Bauchspeicheldrüse und Galle, danken uns jede Hirsemahlzeit mit besserem Funktionieren. Unsere Abwehrkräfte werden gestärkt.
Hirse hat einen ziemlich hohen Fettgehalt, der bei ca. 5 % liegt.
Die mangelnde Wärme der heutigen Zeit im seelischen Bereich, denaturierte Nahrung, permanente Energielosigkeit, Bewegungsarmut, sowie mangelhafte Kultivierung der Seele und Kunstferne fördern die Tendenz zur Verhärtung und Erstarrung und sind Mitursache für sklerotische Krankheiten und das Krebsgeschehen, Krankheiten, die ohne Fieber auftreten.
Die Hirse mit ihrem Kieselsäurereichtum regt die Wärmebildung des Organismus an und wirkt so dem Entstehen dieser sogenannten »kalten Krankheiten« entgegen. Durch den Wärmeprozeß lockert sich das Zellgewebe,

und die Ausgewogenheit des ph-Wertes der Hirse (siehe Kapitel Säuren und Basen) fördert das Ausscheiden der Harnsäure aus dem Gewebe.
Hirse wird dem Mittwoch und dem Merkur zugeordnet. Merkur ist der Götterbote, der die Botschaft von den Göttern zu den Menschen, und umgekehrt, bringt. Merkurkraft ist folgerichtig die Kommunikationsfähigkeit — und die Kieselsäure der Hirse stärkt eben unsere Kommunikationsorgane — die Haut, mit der wir mit der Umwelt in Kontakt treten, Wärme und Kälte empfinden, uns berühren können. Gestärkt werden auch die Sinnesorgane und die Fähigkeit, Licht und Kraft aus dem Kosmos aufzunehmen.
Nur eines trübt unseren Enthusiasmus: Hirse enthält kaum Kalk.
Damit ist aber ihr — wie wir meinen einziger — Nachteil genannt. Eine sinnvolle Ergänzung sind deshalb Walderdbeeren, Waldhimbeeren, Heidelbeeren, Zwetschgen, Kirschen, Orangen, und frische, nicht pasteurisierte Milch.
An dieser Stelle wollen wir Ihnen ein einfaches Rezept vorstellen, welches uns trotz seiner Simplizität (oder vielleicht gerade deshalb?) als unbedingt erwähnenswert erscheint »Hirsebrei mit Zwetschgenröster«, Seite 116 (frei nach Barbara Rütting, »Mein Kochbuch«) — wobei wir nun doch noch, völlig unabsichtlich, beim Brei angelangt wären. Aber seine überzeugende Eindeutigkeit im Geschmack, die keinen Zweifel zuläßt, daß dies ein Gericht aus Hirse, Milch und Pflaumen ist und nichts weiter, und natürlich nicht zu vergessen seine ideale Kombination von Kalk und Kieselsäure zur Gesunderhaltung unseres Körpers (was man bei aller Feinschmeckerei nicht aus den Augen verlieren sollte) rechtfertigen, daß man einem einfachen Brei kulinarischen Rang verleiht.

Dieses und andere höchst vergnüglich stimmende Schmausereien, denn Hirse fördert das sanguinische Temperament, finden Sie auf den Seiten 239—241.
Übrigens, schmeckt ein Gericht trotz redlicher Bemühungen bitter, so liegt das nicht unbedingt am Unvermögen des Kochenden, sondern schlichtweg am Ranzigwerden des Fettes. Das passiert, wenn Hirse überlagert ist.

Vom Roggen

Urprinzip: Expansion, Bewußtseinserweiterung
Planet: Jupiter
Wochentag: Donnerstag

Mit Roggen lassen sich genauso verblüffende Gaumenschmeicheleien aus dem Ärmel schütteln wie mit anderen Getreidesorten.
Zeit genug, einiges über diesen zu Unrecht vernachlässigten Außenseiter zu erfahren, zunächst Geschichtliches: Er stammt wie alle unsere Getreidesorten aus dem Inneren Asiens und ist, wie Experten vermuten, älter als der Weizen. Sein genügsamer, widerstandsfähiger Charakter läßt ihn selbst vor kalten Regionen und schlechten Böden nicht zurückschrecken. So findet man heute noch im vorderasiatischen Raum in Hochlagen bis zu 2000 Metern reine Roggenfelder, während in Tallagen Weizen kultiviert wird, der den Launen der Natur nicht so unbeugsam die Stirn bieten kann.
400 n. Chr. soll im Norden Europas bereits Roggen angebaut worden sein. Hier hat er auch seinen festen Platz behauptet; sind doch die Deutschen und Slaven fast reine Roggenbrotesser geworden, während in südlichen, wärmeren Ländern unübersehbar das helle Weizenbrot dominiert. Sicherlich gedieh er in erster Linie wegen sei-

ner Robustheit und Winterfestigkeit so gut, aber gewisse charakterliche Parallelen zu dem kraftvollen, arbeitsamen und standhaften Menschenschlag sind unübersehbar.
Er ist kein schnellreifendes Getreide wie etwa die Hirse, sondern wird im Herbst ausgesät und erlebt den ganzen Jahresablauf mit, ehe er im August geerntet wird. Die lange Zeit des Reifens bietet also dem Roggen genügend Möglichkeit zum Ansammeln und Stabilisieren seiner gebündelten Kraft. Und somit bewirken die starken Bilde- und Formkräfte des Roggens, sein ungewöhnlich starker Halm und die feste Verwurzelung mit dem Erdboden im menschlichen Körper Kräftigung der Wirbelsäule, des Stützgewebes und des gesamten Bewegungsapparates. Herz und Lunge werden ebenfalls gestärkt und sein hoher Kaliumgehalt wirkt besonders heilend auf die Leber. Roggen besitzt wie alle Getreidearten eine wunderbare Ausstattung an Mineralien, vor allem Kieselsäure für festes Bindegewebe, kräftige Haare, glatte Haut und gesunde Zähne, sowie viel Eisen zur Blutbildung und inneren Atmung. Er ist reich mit B-Vitaminen ausgestattet zur Stärkung unserer Nerven, auch enthält er erstaunlich viel Vitamin E und C.

Nachdem Sie bis hierher aufmerksam gelesen haben, werden Sie den Roggen sicher wieder reumütig in Ihr kulinarisches Repertoire aufnehmen. Wir haben uns mit diesem Thema viel Mühe gemacht; die Früchte dieser Arbeit finden Sie auf Seite 241—242.

Vom Hafer

Urprinzip: Kultur, Verwurzelung, Eigenraumsicherung
Planet: Venus
Wochentag: Freitag

Ursprünglich war er nur lästiges Unkraut, das sich hartnäckig und unsensibel zwischen die Edelgetreide Emmer und Gerste drängte. Als solches wurde er dann auch verschmäht; kulinarisch ignorierte man ihn völlig.
Doch das sollte sich ändern. Durch die Klimaverschiebung nämlich wurden die Wetterverhältnisse im nördlichen Europa für die anderen Getreide zu rauh, allein der Hafer, ein Frostkeimer, hielt den erschwerten Bedingungen stand. So avancierte er vom ungeliebten Eindringling zum lebensrettenden Hauptnahrungsmittel und gewann schließlich sogar, was den Gaumen betrifft, an Bedeutung. Engländer, Schotten, Russen, Schweden und Finnen wurden zu Haferessern — zunächst notgedrungen, später mochten sie ihn sogar, und er war aus dem kulinarischen Bild jener Völker gar nicht mehr wegzudenken. Zum Beispiel der englische *Porridge* ist ein Überrest aus dieser Hafer-Eßkultur.
Erstaunlich ist, daß man im Hafer einen hochinteressanten Fettlieferanten hat, da sein Fettgehalt mit sage und schreibe 7,5 % gegenüber den 1,9—2,5 % im Weizen

ungewöhnlich hoch ist. Wissenschaftler haben errechnet, daß man folglich mit 100 g Hafer bereits ⅓ des Tagesbedarfes an essentiellen Fettsäuren abgedeckt hat. Herz und Kreislauf können damit gestützt und der Cholesterin-Stoffwechsel entlastet werden.
Doch das ist erst das eine. Ebenfalls außergewöhnlich stark ist nämlich Vitamin B_1 vorhanden, so viel, daß man mit 100 g Hafer 40% des Tagesbedarfes desselben decken kann. Depressive Phasen sind leichter zu überstehen, wenn man den Vitamin B_1-Reichtum des Hafers nutzt, um die Nerven aufzubauen.
Und nicht zu vergessen seine lindernde Wirkung bei Zuckerkrankheit. Er regt die müde Bauchspeicheldrüse an, mehr Insulin zu produzieren.
Alles in allem gesehen ist der Hafer ein körperorientiertes Getreide, seine ganze Kraft konzentriert sich auf den Körper und läßt ihn vor Kraft nur so trotzen. Deshalb wurden auch die früheren eifrigen Haferesser, von denen schon gesprochen wurde, zu pumperlgesunden, strammen Kerlen.
Dennoch war der Hafergenuß im alten Rom als »unfein« verpönt, da es angeblich von diesem »Barbarenfraß« kam, daß die rauhen Germanen als Muskelpakete ohne Hirn verschrien waren.
Nun, man hat herausgefunden, daß exzessiver Haferverzehr auf lange Sicht wirklich Geist und Gehirn vernachlässigt und somit eine einseitige Körperbetonung hervorruft.
Doch damit ist nicht gemeint, daß wir den Hafer getrost vergessen können.
Der Mensch von heute greift allenfalls zur rettenden Haferflocke, wenn der Magen mal verrückt spielt. Dabei ist die Haferflocke etwas Totes und Steriles. Das liegt an der Herstellungsweise. Demjenigen aber, der drei Wochen und länger sein aus Vollhafer zubereitetes Süppchen löf-

felt, sei gesagt, daß auch dies nicht empfehlenswert ist, da Hafer auf die Dauer reizt, und eine bestehende Magengeschichte kann schlimmer werden anstatt besser. Lieber mal für Abwechslung sorgen und Hafer durch Buchweizen, Gerste oder Hirse ersetzen, die sich hierfür hervorragend eignen und übrigens auch bei Daueranwendung nicht schädigen.

Doch hin und wieder eingesetzt, dient Hafer vor allem vor körperlichen Anstrengungen, harten Arbeitstagen etc. als ausgezeichnetes Stärkungsmittel. Nicht umsonst heißt es im Volksmund »Den sticht der Hafer«, wenn jemand besonders aufgedreht und überaktiv ist. Denn Hafer ist das Getreide des Cholerikers, er wirkt antriebsstark dem Phlegma entgegen und rüttelt allzu Bequeme auf.

Probieren Sie's auf Seite 242—243.

Vom Mais

Urprinzip: Struktur, Hemmung, Widerstand, Zeit
Planet: Saturn
Wochentag: Samstag

Seine Urheimat ist Peru, wo er hauptsächlich als Brei oder Fladen verzehrt wird.
Die ersten europäischen Einwanderer bekamen davon jedoch das sogenannte »Pellagra« (von *pella agra* = rauhe Haut), eine Mangelkrankheit, die durch Fehlen von Nikotinsäureamid und Mangel an Eiweiß auftritt, beides bei Mais der Fall.
Sie werden sich jetzt sicherlich fragen, warum die Mexikaner davon verschont blieben, ernährten sich diese doch hauptsächlich von Mais? Als Ergänzung aber aßen sie meist kleine, unscheinbar-braune Böhnchen, welche gewisse essentielle Aminosäuren enthielten, die im Mais nicht vorhanden waren. So konnten sie sich vor »Pellagra« schützen. Der Mangel an Eiweiß ist jedoch für Zöliakie-Kranke (Klebereiweiß-Allergie) von Interesse, da sie in Mais eine Ausweichmöglichkeit haben (auch in Reis und Hirse).
Positiv ins Auge fallen seine Inhaltsstoffe: Vitamin A (Karotin), Kalium, Magnesium, Phosphor, Eisen, Kieselsäure und ein hoher Zuckergehalt, was alles in allem zu schö-

nen Haaren, gesundem Gebiß und zur Blutbildung beiträgt.
Mais ist eine kräftige Pflanze in Halm und Korn und ebenso wirkt er im Menschen. Er macht ihn robust und erdgebunden (indianische Mentalität). Man bezeichnet ihn als das Getreide des Melancholikers.

Wer Vollwertiges aus Mais zubereiten will, kann auf Seite 244 gespannt sein.

Vom Wildreis

Urprinzip: Gefühl, Empfindsamkeit
Himmelskörper: Mond
Wochentag: Montag

Lassen Sie sich nicht täuschen — Wildreis ist kein Reis, sondern der Samen eines Wassergrases, das im Norden Kanadas gedeiht. Doch nomen est omen, denn der Wildreis wächst wie der »richtige« Reis im Wasser und kann in Aussehen und Geschmack eine gewisse Ähnlichkeit mit dem Vollreis nicht verbergen. Kritische Feinschmecker mögen uns diese Gleichstellung verzeihen!
Und dann ist er im wahrsten Sinne des Wortes eine »Wildpflanze«, die sich ungern kultivieren läßt. Das macht ihn zum Luxusgetreide, dem teuersten der Welt.
Doch alles, was sich rar macht, hüllt sich in den Schleier des Ungewissen, Rätselhaften, weckt Neugierde und Begehren, und so gilt Wildreis unter Kennern als wahre Delikatesse.
Unsere Küchen erreicht er jedoch weniger im Schleier des Rätselhaften als vielmehr nett verpackt in kleinen Jutesäckchen zu 200 g, von denen uns das aufgedruckte Konterfei eines Indianers entgegenblickt.
Die Inhaltsstoffe Eiweiß, Phosphor, Magnesium und Kalium klingen neben all den außerordentlichen Eigenschaften des Wildreises fast zu banal, um genannt zu werden, doch trugen sie früher sicher dazu bei, daß die Indianer ein kraftvolles, gesundes Volk waren.

Wer nun glaubt, seinen Gaumen inzwischen soweit vorbereitet zu haben, daß dieser den köstlichen wie kostbaren Wildreis zu würdigen weiß, sollte auf Seite 235 nachschlagen.

Vom Buchweizen

Buchweizen ist ein Knöterich-Gewächs, das zur Familie der Sauerampfer und Rhabarber zählt, und kein Getreide. Die Bezeichnung hat höchstens insofern eine Berechtigung, als man sich durch das Äußere der kleinen, kantigen Körner mit etwas Fantasie an Bucheckern in Miniatur-Format erinnert fühlt; mit Weizen hat er allenfalls seine Backfähigkeit gemeinsam. Womit wir schon beim Thema wären, denn beim Backen erweisen sich die kleinen Körner als ganz groß.

Mit keinem Vollgetreide konnten wir bisher luftigere, flaumigere, zartere, feinere, überzeugendere Torten, Törtchen und Rouladen zubereiten als mit Buchweizen. Er ist so leicht, daß sogar die bewährten Eier im Kuchen beinahe überflüssig werden.

Der Ehrlichkeit halber aber gestehen wir ein, daß es zu Anfang etwas gab, was unseren Enthusiasmus dämpfte: Buchweizen schmeckt sehr »eigenwillig«. Er verfügt über ein ausnehmend kräftiges Aroma, für das es eigentlich keine vergleichbare Geschmacksrichtung gibt, typisches Buchweizen-Aroma eben, und das muß man mögen. Wenn nicht, hat der Gaumen bei Buchweizen kaum eine Chance, ihn schätzen zu lernen, es sei denn, es tüftelt einer so lange herum, bis er den Charakter des Buchweizens so geschickt in andere Geschmacksnuancen einzu-

bauen weiß, daß sich am Ende ein verblüffendes Ergebnis sehen und schmecken lassen kann.
Sie ahnen schon, daß wir dem Buchweizen zunächst in geschmacklicher Hinsicht nicht so recht über den Weg trauten, und das geben wir auch freimütig zu. Verständlich, schließlich erntet ausgefallene Eigenwilligkeit nicht jedermanns Begeisterung. Warum aber haben wir uns dann mit ihm beschäftigt? Nun der Buchweizen hat etwas, was alle übrigen »Getreide« (sofern man Buchweizen überhaupt dazu zählen kann) nur in Spuren aufweisen können: *Lysin.* Das ist ein Eiweiß-Baustein, der das Knochenwachstum unterstützt.
Und dann ist da noch ein beachtlich hoher Lezithin-Anteil zu vermerken, für gesteigerte Leistungsfähigkeit, gegen Nervenleiden und Wachstumsstörungen und zur Förderung einer gesunden Entwicklung des Kindes. Außerdem wirkt Buchweizen basenbildend, d.h. beruhigend und heilend auf Leber, Galle, Bauchspeicheldrüse, Magen und enthält Eisen, Kalium, Phosphor und die Vitamine B_1 und B_2.

Wie gesagt, es empfiehlt sich eine trickreiche, was aber nicht heißen soll komplizierte Zubereitung, dann ist Buchweizen immer für eine kulinarische Überraschung gut. Überzeugen Sie sich auf den Seiten 245—249.

Von Gemüsen, Salaten und Obst, den Sonnenlichtessern

Gemüse und Salate sind gesund, das ist hinlänglich bekannt. Wir sollten sie täglich essen, auch das wissen wir und essen sie brav — als Beilage.

Offensichtlich verhält es sich hier wie mit vielen Dingen, die uns wichtig sind: es wird viel darüber geredet, doch den Weg zur Praxis versperrt die Bequemlichkeit.

Wir werden Sie in bezug auf Produktbeschreibung, Herkunftsland, Geschmack, Verwendungsmöglichkeiten usw. nicht langweilen. Fast jedes moderne Kochbuch berichtet darüber und da kann dann gegebenenfalls nachgeschlagen werden. Das kritische Auge auf Qualität und Frische ist sowieso obligatorisch, auch sehen wir davon ab, nochmals ausführlich die Vorteile der Rohkost zu preisen, denn selbstverständlich gilt auch hier: »Rohkost ist heilend, zubereitete Kost ist nährend« und deshalb ist die rohe Nahrung der gekochten vorzuziehen (keine Regel ohne Ausnahme: Bohnen sind roh giftig).

Was höchst selten erwähnt wird, das ist die spezielle Wirkung von Wurzeln, Blättern, Früchten und Samen im tieferen Sinne. Die Zubereitung eines Gerichts bedeutet in erster Linie ungeteilte Aufmerksamkeit und Hinwendung zum Produkt. Nur so hat Kochen (und natürlich auch essen, was man zubereitet hat) etwas mit dem zu tun, was Lebensfreude und Lebensqualität heißt, was wiederum nur dann in besonders gesteigerter Form entsteht, wenn sich das Wesen der Produkte vor unseren Augen entschlüsselt.

Es empfiehlt sich daher zunächst, die Beziehung zwischen Mensch und Pflanze darzustellen.

Nach *Rudolf Steiner* (»Naturgrundlagen der Ernährung«) entspricht die Pflanze umgekehrt dem Menschen. Was beim Menschen der Kopf, das Gehirn ist, nämlich das Steuerungszentrum (welches Wachstum, Entwicklung etc. beeinflußt), das ist bei der Pflanze die Wurzel. Wurzelgerichte müssen folgerichtig gerade den Kopfbereich besonders anregen und das klare Denken fördern. Auch bei Kopfschmerzen, Migräne oder Entzündungen in der Kopfgegend soll deshalb das Hauptaugenmerk auf Wurzelnahrung liegen — also rote, gelbe, weiße Rüben, Sellerieknollen, schwarze und weiße Rettiche, Radieschen, Pastinaken, Petersilien- und Schwarzwurzeln ...

Knollen (wie Kartoffeln, Topinambur usw.) sind hier nicht zuständig — für sie gilt, was im folgenden Kapitel »Kartoffel« steht.

Das nächste von unten nach oben sind bei der Pflanze die Blätter. Das grüne Blatt ist nur deshalb so grün, weil es Chlorophyll enthält, ein dem Blut übrigens sehr ähnlicher Stoff. Diese Chlorophyllmoleküle in den Blättern bilden sogenannte »Lichtsammelfallen«, die das Sonnenlicht einfangen und nutzbar machen. Pflanzen sind also Sonnenlicht-Esser, und diese Sonnenenergie nehmen wir — indirekt — durch die Pflanze in uns auf.

Was aber bewirkt das in unserem Körper? Zur Veranschaulichung erinnern wir uns an den Drang, der uns beim Betrachten intensiven Grüns befällt: Wir möchten tief Luft holen (z. B. im Wald).

Und genau in den Atmungsorganen, den Lungen und den Bronchien, wirken die grünen Blätter und regen die Blutbildung an. Kopfsalat, Endivien, Rapunzel, Lauch, Spinat, Mangold, Chicorée, Radicchio, Zuckerhut, Kohlrabi, Weiß-, Blau- und Sauerkraut, Grünkohl, Wirsing, Zwiebel ... gehören in diesen Bereich.

Dasjenige, was die Pflanze produziert und freiwillig hergibt, also Früchte und Sprossen von Gemüsen, wobei die Pflanze nicht abgeschnitten und somit ihr Stoffwechsel beendet wird, soll nach Steiner ihre Wirkung auf die Kräftigung der Verdauungsorgane und des Unterleibs konzentrieren.

Darunter versteht man: Tomaten, Gurken, Zucchini, Auberginen, Paprika, Erbsen, Bohnen, Blumen- und Rosenkohl, Broccoli, Spargel ... und natürlich Obst.

An dieser Stelle wollen wir etwas tiefer greifen. *Rudolf Hauschka* (Ernährungslehre) will nämlich im Stoffwechselprozeß des Menschen Parallelen zur pflanzlichen Fruchtbildung entdeckt haben: Bei der Pflanze muß die Blüte erst verblühen, sich sozusagen entmaterialisieren, damit aus dem winzigen Fruchtknoten, der augenscheinlich kaum mehr an die Blüte erinnert, die Frucht, also wieder Substanz entstehen kann.

Vergleichen wir dazu die Nahrungsverwertung beim Menschen: Der Speisebrei wird im Magen verflüssigt (Parallele: Blüte zerfällt!) und was davon ins Blut gelangt, erinnert nicht mehr an seine ehemals feste Konsistenz, und doch reicht dieses scheinbare Nichts völlig aus, um den Impuls zur Substanzbildung (hier der Körper, bei der Pflanze die Frucht) zu geben.

Bleiben noch die Samen. Sie sind jener Teil der Pflanze, in dem sämtliche Informationen für ein neues Pflanzenleben gespeichert sind. Sie wirken demnach auf jedes

Organ des Menschen, das seinerseits das Menschenleben aufrecht erhält — das Herz. Durch Samennahrung soll dieses gekräftigt und gestärkt werden. Hierzu zählen wir Getreide, Nüsse, Ölsaaten ...
Jeder Teil der Pflanze also hat seine spezifische Wirkung. Wie sieht diese nun aus, wenn es sich nicht um eine Kultur-, sondern um eine Wildpflanze handelt?
Nehmen Sie als Beispiel die Walderdbeere (wir nennen sie hier stellvertretend für alle Wildpflanzen).
Sie muß enorme Kräfte entwickeln, um den Launen der Natur zu strotzen, wohingegen die Gartenerdbeere schon fast degeneriert wirkt, wie sie auf ihrem eigens für sie umgegrabenen Boden unter ständigem Gießen, Unkrautzupfen und womöglich noch unter einem Glasdach heranwächst. Dementsprechend groß ist der Unterschied, den man sogar schmecken kann: Wer je das unnachahmliche Aroma einer frischen Walderdbeere gekostet hat, wird jede noch so prächtige Gartenerdbeere nur als wäßrigen Kompromiß hinnehmen.
Sie dürfen also vermuten, daß bei Wildpflanzen die vorhin genannten Wirkungen stärker hervortreten, als bei Kulturpflanzen.
Wann immer sich also eine Möglichkeit bietet, Wildpflanzen in Ihre Salate einzubauen, sollten Sie das nicht versäumen, denn durch sie können Sie Ihren Gerichten in geschmacklicher wie in gesundheitlicher Hinsicht Höhepunkte verleihen.
Früchte, Samen, Blätter, Wurzeln ... alle sind sie wichtig. Zu einer ganzheitlichen Versorgung des Körpers — die wählerische Zunge eingeschlossen — gehört deshalb unbedingt eine wohldurchdachte Ausgewogenheit der Speisen, insbesondere der Rohkost.
Erst wenn Logik in der Zusammenstellung der Zutaten erkennbar wird, wenn man das Gefühl hat, da wurde »gedacht«, erst dann ist jenes Hineinfühlen in die Mate-

rie, wovon wir am Anfang sprachen, gegeben, was sich auf Gesundheit, Wohlbefinden und Geschmack sichtbar positiv auswirkt.

In diesem Sinne sind unsere Salatvorschläge auf den Seiten 190—196 eben nur Vorschläge, die für Sie Möglichkeiten und Anhaltspunkte sein können, Sie aber keineswegs in Ihrer Fantasie einengen wollen. Aber bitte denken Sie an die Ausgewogenheit von Wurzeln, Blättern, Früchten und Samen ... und, so es die Saison erlaubt, Wildkräutern.

Von Keimen und Sprossen

Keimen lassen sich alle Getreidearten *(bis auf Grünkern, S. 50)*, Hülsenfrüchte, Nüsse, Ölsaaten sowie verschiedene Samen, außerdem Kichererbsen, schwarze Zwerglinsen, Mungobohnen, Sonnenblumenkerne, Haselnüsse, Mandeln und Kürbiskerne. Zur Sprossenzucht eignen sich Lein-, Senf-, Kresse- und Rettichsamen, Sesam und Luzernen (Alfalfa).

Keime

Als Keimgefäß eignet sich eine Schüssel aus Glas, Porzellan oder Hartsteinzeug (in diversen Plastik-Keimgeräten fangen die Körner gerne an, unangenehm zu riechen oder gar schimmelig zu werden).
Rechnen Sie pro Person und Tag 1—2 EL Getreide.
Am 1. Tag abends geben Sie diese in die Schüssel und übergießen sie mit frischem Leitungswasser, bis die Körner gut damit bedeckt sind. Die Schüssel decken Sie nun mit einem Leinentuch ab und lassen sie über Nacht bei Zimmertemperatur stehen.
Am 2. Tag morgens gießen Sie den Inhalt der Schüssel durch ein Sieb, waschen darin die Körner unter fließendem kalten Wasser, spülen die Schüssel ebenfalls aus

und geben das Getreide wieder in die saubere Schüssel zurück.
Ohne Wasser, aber etwas feucht müssen die Körner wieder zugedeckt bis zum Abend bei Zimmertemperatur stehen.
Am 2. Tag abends verfahren Sie wie am 1. Tag abends, am 3. Tag morgens wie am 2. Tag usw. bis sich (am 3. oder 4. Tag) dann 2—3 mm lange Spitzen sehen lassen: Die taufrischen und sehr zarten Vitaminspender sind eßfertig.

Sprossen

Als Gefäß eignet sich ein hohes Glasgefäß, das Sie mit einem Mulltuch verschließen.
Rechnen Sie pro Tag 2 EL Samen.
Am 1. Tag abends verfahren Sie wie am 1. Tag beim Keimen.
Am 2. Tag morgens muß das Wasser abgegossen und Samen und Glas müssen gewaschen werden. Dann geben Sie die Samen wieder ins saubere Glas zurück und stellen dieses mit befestigtem Mulltuch mit der Öffnung schräg nach unten auf ein Holzgitter, damit das Tropfwasser ablaufen kann.
Am 2. Tag abends verfahren Sie wie am 2. Tag morgens, denn die Samen dürfen nicht naß, sondern müssen feucht gehalten werden.
Am 3. Tag morgens wie am 2. Tag morgens usw. ...
Nach ca. 5 Tagen haben sich im Glas wuchernde Sprossen entwickelt, die sich fantastisch für feine Salate eignen.

Von der Kartoffel

Er kann überaus delikat sein, dieser mopsige, erdige Rundling, so delikat, daß manch einer mehr davon futtert, als seiner Stromlinienform lieb ist. Auch an dieser Stelle sei *Rudolf Steiner (Naturgrundlagen der Ernährung)* zitiert, der Aufschlußreiches über die Kartoffel zu berichten weiß:

»Schauen wir uns einmal die Kartoffel an. Von der Kartoffel essen wir ja nicht eigentlich die Wurzeln. (...) Die Kartoffel selber ist ein etwas dickerer Stengel, (...) so daß man es bei einer Kartoffel nicht mit einer Wurzel zu tun hat, sondern mit einem verdickten Stengel. (...) Die Wurzel der Pflanze ist mit dem Kopf des Menschen verwandt. Wenn wir das bedenken, wird uns gewissermaßen ein Licht aufgehen über die Bedeutung der Kartoffel. Denn die Kartoffel, die hat Knollen; das ist etwas, was nicht ganz Wurzel geworden ist (...).«
(Anm.: somit auch beim Menschen im Kopf nicht ganz oben wirken kann, da die Pflanze im Menschen umgekehrt wirkt, also Blüte im Unterleib, Wurzel im Kopf.)
»(...) Wenn wir nicht ganz bis zum Kopf herauf gehen und bleiben bei Zunge und Schlund, so werden die ganz besonders angeregt durch die Kartoffel und daher ist die Kartoffel als Mitspeise, als Zuspeise für die Leute sehr schmackhaft, weil sie dasjenige anregt, was unter dem Kopf ist und den Kopf unbelästigt läßt. (...) ... so be-

kommt man eigentlich die Sehnsucht, recht bald wieder zu essen. (...) Wer viel Kartoffeln ißt, der wird faul, weil die Kartoffel nicht zum Denken anregt. (...) ... der wird eigentlich fortwährend müde sein und fortwährend schlafen und träumen wollen.«

Die Wissenschaft jedoch hat viel Lobenswertes über dieses Gewächs, das aus dem Hochland der Anden kommt und seit etwa zwei Jahrhunderten in unseren Breitengraden angebaut wird, herausgefunden. Die Kartoffel ist sehr reich an Mineralstoffen, vor allem an dem heute so viel diskutierten Magnesium — was den Stoffwechsel aktiviert und bei Muskel- und Nerventätigkeit eine wichtige Rolle spielt. Ihr Gehalt an Kalium ist etwa 20× größer als ihr Natriumgehalt, das erklärt ihre stark entwässernde und entschlackende Wirkung, da Kalium und Kalzium das wassersammelnde Natrium neutralisieren.

Wer mit der Knolle abnehmen will, wie stets wechselnde Modediäten anpreisen, darf allerdings nicht zum Salzfaß greifen; die Wirkung wäre sofort dahin, da Salz Flüssigkeit im Körper bindet und das Ausscheiden der Schlacken verhindert.

Des weiteren verfügt die Kartoffel über erstaunlich viel Eiweiß und Vitamin C. Dieser Vitamin-C-Gehalt soll von einem Schutzstoff begleitet sein, der bei kurzfristiger Erhitzung aktiviert wird und der Vitamingehalt deshalb zunimmt. So enthalten 100 g rohe Kartoffeln 2,81 mg, nach 10 Minuten Kochzeit jedoch 3,84 mg Vitamin C, nach 15 Minuten sinkt der Vitamin-C-Gehalt aber wiederum, und zwar auf 3,75 mg (nach Hagen: »Unsere Nahrungsmittel sollen unsere Heilmittel sein«). Außerdem enthält sie Vitamin B_1, B_2, B_6, Kupfer und Eisen.

Roher Kartoffelsaft 1:1 mit Quellwasser verdünnt und eßlöffelweise wie Medizin eingenommen, wirkt heilend bei Magen- und Darmgeschwüren und reguliert bei zuviel Magensäure. Warum? Weil die Kartoffel basische Mi-

neralien, die die Säuren abbinden, enthält und, man staune, sehr geringe, gerade noch meßbare Mengen an Solanin, also einem Giftstoff, der, in solch »homöopathischen« Dosen verabreicht, sich krampflösend auf Magen und Darm auswirken soll. Aber Vorsicht bei grünen Stellen um die sogenannten Augen herum, die sich auch bei längerer Lichteinwirkung unter der Schale heranbilden (daher Kartoffeln immer dunkel lagern!) — hier herrscht gesteigerter Solaningehalt.

Ein solches Kochwasser soll nicht weiterverwendet, sondern weggekippt werden.

Die hervorragendste Eigenschaft der Kartoffel, welche sie aus der Reihe der Gemüse hervorhebt, zum Schluß: Sie ist als einziges unter den Gemüsen auch noch in erhitztem Zustand basenbildend. Wir erinnern uns der Faustregel: Rohes Gemüse ist basen-, gekochtes aber säurebildend (s. »Säuren und Basen« S. 23 ff.).

Es gibt also viele Gründe, die für Kartoffeln sprechen, wenn sie sich auch als Hauptnahrungsmittel in einer Zeit, in der alles in Hülle und Fülle vorhanden ist, weniger eignen.

Nun, was ebenfalls in Hülle und Fülle vorhanden ist, das ist die Anzahl der Kartoffelgerichte. Geduldig läßt die Kartoffel alles mit sich machen, ob als Brei, geraffelt, geschnitten, geschält oder ungeschält, geröstet, fritiert in Butter geschwenkt, mit Kräutern, Knoblauch oder pur gereicht, immer ist sie schmackhaft und nahrhaft.

◁ *Frischkostpralinen* (Rezepte S. 293 bis 299)

Die Praxis

»Wer am wenigsten genießen will, genießt am meisten.«

Nagaya

Liebe gehört dazu ...

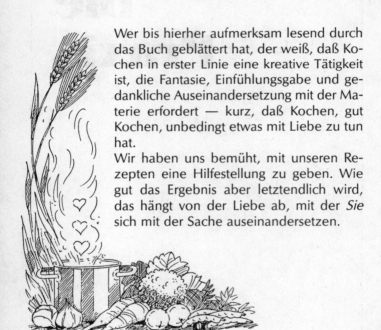

Wer bis hierher aufmerksam lesend durch das Buch geblättert hat, der weiß, daß Kochen in erster Linie eine kreative Tätigkeit ist, die Fantasie, Einfühlungsgabe und gedankliche Auseinandersetzung mit der Materie erfordert — kurz, daß Kochen, gut Kochen, unbedingt etwas mit Liebe zu tun hat.
Wir haben uns bemüht, mit unseren Rezepten eine Hilfestellung zu geben. Wie gut das Ergebnis aber letztendlich wird, das hängt von der Liebe ab, mit der *Sie* sich mit der Sache auseinandersetzen.

Um Ihnen die Arbeit noch ein bißchen zu erleichtern, haben wir im Anschluß das nötige Handwerkszeug aufgelistet.
Und damit Sie wissen, was wir meinen, wenn von *Laibchen* oder *schmurgeln* die Rede ist, haben wir noch einige Begriffserklärungen angefügt.

Das Handwerkszeug

- 1 elektrische Küchenmaschine, 2 Rührschüsseln, dazu Schneebesen und Knetarm
- 1 elektrische Getreidemühle, vorzugsweise mit Natursteinen
- 1 elektrisches Schlagwerk, zum Pulverisieren von Gewürzen
- 1 Mixer
- 1 großer Meßbecher
- 1 kleiner Meßbecher
- mehrere Porzellanmörser
- 1 Holzmörser
- mehrere verschieden große Messer
- mehrere verschieden große Holzbretter
- mehrere verschieden große Schneebesen
- mehrere verschieden große Holzlöffel
- mehrere verschieden große Pinsel
- Schaschlikspießchen aus Holz (zum Prüfen, ob z. B. der Kuchen schon gar ist)
- 1 Holzbackbrett
- 1 Nudelholz, ein zweites mit Führungsgriff
- mehrere große und kleine Ausstechformen
- 1 Marmorplatte für fette Teige und Marzipan
- 1 Marmorrolle dazu
- 1 Kartoffeldämpfer
- 1 Kartoffelpresse
- 1 Suppentopf
- 1 große Pfanne
- 1 kleine Pfanne

- 1 kleiner Topf für Saucen
- 1 mittlerer Topf mit Einsatzgitter für Gemüse
- 1 Wok (chinesische Topfpanne)
- 1 Pfeffermühle
- 1 Muskatreibe
- 1 feine Reibe für Zitrusschalen
- 1 große Raffel
- 1 Zitruspresse (Glas)
- mehrere verschieden große Küchenschüsseln
- Backbleche
- Kuchengitter
- 1 Spritzbeutel (mit verschiedenen Tüllen)
- Springform
- 2 große Auflaufformen
- mehrere Souffléförmchen
- 3 Kastenformen, verschieden groß
- 1 Napfkuchenform
- mehrere Teigkarten
- 1 Teigrand
- 1 Mehlsieb
- 2—3 feine, aber verschieden große Drahtsiebe
- Klarsichtfolie
- Alufolie
- Küchenschnur
- 1 Küchenwecker
- mehrere kleine Schüsselchen
- 1 Küchenwaage
- 1 Briefwaage
- Papierbackförmchen aus Pergamentpapier
- kleine Pralinenförmchen aus Pergamentpapier
- 2 ballonförmige Glasbehälter für Essig
- mehrere verschieden große Glasschüsseln (für Eis und für Germknödel)
- 1 Sorbetière (Eismaschine)

Begriffserklärungen

Agar-Agar ist ein Algenmehl und gibt im Vergleich zum Pfeilwurzmehl eine eher sülzige Konsistenz (wir verwenden es anstelle von Gelatine). Durch seine starke Quellfähigkeit und hohen Mineralstoffgehalt hat es eine anregende Wirkung auf die Darmperistaltik.

Alkohol verwenden wir in unserer Küche zum Aromatisieren von Saucen, Suppen, Nachspeisen ... In den meisten Fällen kann Alkohol durch einen Spritzer Zitronensaft (oder Orangensaft) problemlos ersetzt werden.

Anrösten dextrinieren, d. h. ohne Fett leicht anrösten, bis sich ein zarter Duft entwickelt. Vorsicht: es soll dabei keine Farbe erzeugt werden.

Backferment natürliches Teiglockerungsmittel; hat ähnliche teiglockernde Wirkung wie Sauerteig (liebt also auch den schweren Roggen), ist aber milder und bekömmlicher.

Basilikum in Olivenöl frische Basilikumblätter (ohne Stiele!) lagenweise mit wenig Vollmeersalz und feinstem Olivenöl in Gläser füllen. Die Basilikumblätter müssen mindestens 1 cm hoch mit Olivenöl be-

	deckt sein. Mit Glasdeckel oder Leinentuch abdecken und bis zum nächsten Sommer aufbrauchen.
Caramel-Krokant	100 g Butter und 200 g Honig goldbraun karamelisieren, 200 g Mandeln ohne Fett im Ofen rösten, blättrig schneiden und zufügen. Auf mit Öl bepinseltes Blech streichen und kalt stellen. Nach Belieben zerhacken oder in kleine Ecken schneiden.
Carob	pulverisiertes Johannisbrot. Kann anstelle von Kakao verwendet werden, da Kakao im Gegensatz zu Carob säurebildend ist.
dextrinieren	in der trockenen Pfanne anrösten; dadurch verändert sich ein Teil der Stärke zu Dextrin und das Getreide wird bekömmlicher.
einschießen	einschieben von Brot und Brötchen in den vorgeheizten Ofen.
emulgieren	zwei nicht mischbare Flüssigkeiten sehr fein miteinander verschlagen.
Essig	Apfelessig oder selbstgemachter Rotweinessig (bisher ein Geheimrezept): Frische Kräuter, ohne Stiele gewogen (genaues Abwiegen mit der Briefwaage ist erforderlich): 120 g Estragon, 100 g Holunderblüten, 100 g Pimpinelle, 100 g Kerbel, 32 g Dill, 32 g Bohnenkraut, 32 g Lorbeer, 32 g schwarze Pfefferkörner, 16 g Vollmeersalz (im Mörser zerstoßen), 16 g Rosmarin, 32 g Salbei, 32 g Portulak,

16 g Thymian, 16 g Muskatnuß (frisch pulverisieren), 20 g Borretsch, 16 g Basilikum, 16 g Zimt (frisch pulverisieren).
Alle Kräuter in einen mindestens 6 l fassenden Glasballon mit weiter Öffnung geben, mit 2 l Rotweinessig übergießen.
Die restlichen 4 l mit Rotwein aufgießen.
Sie können auch so lange anfallende Rotweinreste hineingeben, bis 6 l Flüssigkeit im Ballon sind.
Mit einem Leinentuch zugebunden 6 Wochen in der Sonne stehenlassen.
Abseihen und in Flaschen füllen.

Gewürze müssen frisch sein. Wir pulverisieren Zimt, Nelken, Pfeffer, Ingwer etc. jedesmal frisch in einem elektrischen Schlagwerk. (Das geschieht häufig leichter, wenn man einige Weizenkörner mitschlägt und anschließend aussiebt, wenn grobe Partikelchen störend wirken — manchmal jedoch können kleine gröbere Partikel reizvoll sein.)

Honig verwenden wir ausschließlich kaltgeschlagen. Zum Backen, wo man ihn nicht herausschmecken soll, eignet sich am besten ein neutral schmeckender Blütenhonig (solche schmecken nur süß), zum Würzen bietet sich eine Vielzahl von aromatischen Honigsorten an.

Knoblauch	da Knoblauch ein sehr starkes Aroma hat, das in jedem Gericht die Aufmerksamkeit an sich reißt, verwenden wir ihn nur in Spuren — es sei denn, man will, z. B. bei Tarator (Seite 209), einen intensiven Knoblauchgeschmack erzeugen.

Kräuter	sind herrliche Aromaträger, die Sie nach Möglichkeit nur taufrisch verwenden sollten, denn im getrockneten Zustand haben die meisten Kräuter viel von ihrer Würzkraft eingebüßt.
Laibchen	kleine handtellergroße Frikadellen.
Öl	in den Rezepten wird ausschließlich kaltgepreßtes Öl verwendet.
Pfeilwurzmehl (Arrowroot)	wird aus der getrockneten Wurzel der wilden Pfeilwurz hergestellt. Es eignet sich hervorragend zur sämigen Bindung feiner Saucen und Suppen und zeichnet sich durch einen hohen gesundheitlichen Wert, besonders zur Regeneration des Darmes aus.
pochieren	bedeutet sehr schonend in leise köchelndem Wasser garen.
reduzieren	unter sanftem Kochen ohne Deckel zu einer sirupartigen Flüssigkeit eindicken lassen.

Salz	grobes Vollmeersalz oder Kräutersalz.
Senf	in manchen Rezepten wird Senf angegeben. Wir verwenden hierfür Senf exklusiv nach Dr. Römhild:

500 g weißes Senfmehl, 500 g schwarzes Senfmehl, 1,5 l Essig, Saft von 4 Zitronen.
Alle Zutaten mischen, quellen lassen und je nach gewünschter Schärfe bis zu 7 Stunden handwarm temperieren. Nicht zu milde machen, da die Schärfe (= Senföl) konservierend wirkt.
Folgende Gewürze unterrühren; Senf in Schraubgläser füllen.
2 EL Kräutersalz, 3 EL feingehackte Estragonblätter, 2 TL schwarzer Pfeffer aus der Mühle, ½ TL Zimt (frisch pulverisiert), ½ TL Nelken (frisch pulverisiert), ¼ TL Muskat (frisch gerieben), 5 EL Blütenhonig, 3—5 Knoblauchzehen (im Mörser zerstampft), 5 Zwiebeln (in feinste Würfelchen geschnitten), 1 EL Meerrettich (frisch gerieben) oder 1 EL feingehackte frische Brennesselspitzen.

Simmern	mit kaum merklich bewegter Oberfläche leise köcheln.
Schmurgeln	im eigenen Saft köcheln lassen.
Teighaut	bildet sich z. B. beim Formen von Semmeln (s. S. 151) und umschließt das runde Teigstück.
Teigabschluß	Abschluß der Teighaut.
Topinambur	Erdbirne, Erdartischocke, Sonnenblu-

	menart mit eßbaren Knollen in der Größe kleiner bis mittlerer Kartoffeln.
tourieren	mehrmaliges Ausrollen und Einschlagen des Teiges.
Trockenpilze	Pilze entwickeln im getrockneten Zustand ein sehr intensives Aroma. Aus diesem Grund haben wir sie zum Würzen mancher Gerichte angegeben. Auch bietet sich darin eine reizvolle Alternative für Zeiten, in denen frische Pilze rar sind, ein Pilzflan aber hervorragend ins Menü passen würde.
Zuckerhut	gehört zur Familie der Zicchoriensalate und ähnelt im Aussehen dem Chinakohl.

Vom Tee

Kräutertees sind besser als ihr Ruf. Hier gilt es genauso einen Kult zu treiben wie die Kaffee- und Schwarztee-Trinker es tun, die pingelig auf Qualität und Zubereitung achten.

Denn nur, wenn Ihre Teekräuter frisch, also im Idealfall frisch gezupft oder im getrockneten Zustand nicht mehr als 1 Jahr alt und keinesfalls gehackt, geschnitten oder gerebelt sind, sondern aus ganzen Blättern oder Blüten bestehen, nur dann können Sie daraus einen guten Tee brühen.

Damit die Tees weder zu konzentriert noch zu blaß werden, ist es vielleicht ratsam, zunächst nach folgender Faustregel vorzugehen, bis sich das bewußte Fingerspitzengefühl eingestellt hat:

Von getrockneten Kräutern reicht für 1 Kanne 1 TL, von gartenfrischen Kräutern ist fast 2—3mal soviel nötig, um einen angenehmen, aber nicht aufdringlichen Geschmack daraus zu ziehen. Bei getrockneten Beeren, Rinden und Wurzeln reicht Überbrühen kaum aus; sie entwickeln in der Regel erst dann ihr Aroma, wenn sie einige Minuten aufgekocht werden.

Hierfür rechnen wir ebenfalls ca. 2—3 TL pro Kanne.

Damit sich auch das Auge freuen kann, servieren wir Tee meist in durchsichtigen Glaskannen. Das hat übrigens den Vorteil, daß man nicht so schnell dem Drang nachgibt, irgendwelche zerschnipselten Kräuter als Tee zu verkochen; auch Teebeutel sehen darin wenig ansprechend aus.

Wir gehen davon aus, daß Sie den Tee nach dem Aufbrühen nicht noch stundenlang warten lassen, sondern ihn kurz darauf trinken werden. Deshalb halten wir jedes ängstliche Auf-die-Uhr-Schauen für überflüssig, um die Kräuter nach exakt gestoppter Zeit herauszufischen. Dem Tee bleibt so nicht übermäßig viel Zeit, um sich irgendwie zuungunsten der Gesundheit oder des Geschmacks zu verändern.

Was allerdings zu Lasten des Geschmacks geht, ist das Auswaschen der Teekanne mit Spülmittel. Zum Reinigen verwenden wir ausschließlich sehr heißes Wasser.

Die Fülle der Kräuter bietet nicht nur solche, die gut heilen, sondern auch solche, die nebenbei noch ein blumig-feines bis würziges Aroma entwickeln. Da wir uns nicht anmaßen, einen Heilkräuter-Ratgeber zu schreiben und dies ein Kochbuch ist, das neben der Gesundheit auch dem Feingeschmack eine Chance läßt, finden Sie im Anschluß Möglichkeiten für wohlschmeckende Kräuterteevarianten. Dabei achten wir nicht nur darauf, am Morgen anregende und am Abend entspannende Teekräuter zu brühen — ihr Aroma muß auch zum jeweiligen Gericht passen.

So trinken wir z. B. zu Pizza, Lasagne und ähnlich würzigschmeckenden Gerichten gerne herbere Tees mit Salbei-, Rosmarin- oder Thymian-Note, während wir zu leichten Gemüsegerichten blumig-zarten Tee aus Holunderblüten, Schlüsselblumen oder Calendula (Ringelblume) vorziehen.

Es gibt drei Möglichkeiten, Aroma aus frischen oder getrockneten Teekräutern zu ziehen:

Kaltwasserauszug (Mazeration)	Die Teekräuter in eine Porzellan- oder Glaskanne geben und mit kaltem Wasser 8—12 Stunden bedeckt ste-

	henlassen. Das ergibt einen besonders wohlschmeckenden und heilkräftigen Tee.
Abkochung *(Dekokt)*	Hauptsächlich für zähe Pflanzenteile wie Rinden, Wurzeln und manche Beeren.
	Die gewünschte Menge wird in einem Topf mit kaltem Wasser angesetzt und möglichst langsam zum Kochen gebracht, 2—3 Minuten, selten länger, auf kleiner Flamme ziehen lassen und abseihen.
Aufguß (Infus)	Die gewünschte Menge Kräuter in eine Teekanne geben, mit kochendem Wasser übergießen.

Frühstückstees

Folgende Kräuter machen munter, aktivieren den Stoffwechsel, wecken die Organe und regen den Kreislauf an:

Schafgarbe	krampflösend, gegen Magenbeschwerden und Blähungen.
Salbei	Magen, Leber und Galle anregend, gegen Nachtschweiß, Mund- und Rachenraum desinfizierend.
Tausendgüldenkraut	zur Bildung von Magensäften.
Rosmarin	kreislauf- und nervenstärkend, gegen Erschöpfung.
Pfefferminze	antiseptisch, regt Magensaftproduktion an, krampflösend.
Malve	stärkt Atemwege, leicht abführend.

Borretschblüten und -blätter	gegen Depressionen.
Brennessel	blutreinigend, blutbildend.
Frauenmantel	krampflösend, harntreibend, gegen Verdauungsstörungen.
Schwarze Johannisbeeren	heilend bei Erkrankungen der Harnwege, entschlackend.
Gänseblümchenblüten	anregend für Leber und Galle, Atemwege, Magen- und Darmkatarrh.

Wohlschmeckende Frühstücksteemischung

Kamille mit Himbeerblättern	gegen Blähungen.
Tausengüldenkraut mit Pfefferminze	anregend.
Schafgarbe mit Frauenmantel und Gänseblümchen	krampflösend.
Brennessel mit Gänseblümchen	blutreinigend.
Schwarze Johannisbeerblätter mit Borretschblüten und -blättern	hebt die Stimmung.

Gute-Nacht-Tees

Folgende Kräuter weiten die Blutgefäße, entspannen, geben ruhigen, tiefen Schlaf und leichte, schöne Träume:

Schlüsselblumen	beruhigend, schleimlösend.
Melisse	gefäßerweiternd, gegen Kopfschmerzen, schlaffördernd.
Eisenkraut (Verbenen)	gegen Erschöpfung, Schlaflosigkeit, Migräne.
Hopfen	wirkt beruhigend bei Gereiztheit, Nervosität und Schlafstörungen.
Baldrian	beruhigt die Nerven, löst Krampfzustände und Nervosität des Herzens, gegen Depressionen, geistige Arbeitsüberlastung und Angstzustände.
Augentrost	Lichtempfindlichkeit und Ermüdung der Augen, Kopfschmerzen, Schlaflosigkeit.
Lavendel	beruhigend, schlaffördernd.
Kamille	entzündungshemmend, desinfizierend, beruhigend.
Holunderblüten	gegen Schlaflosigkeit, Kopfschmerzen und Nervenentzündungen.
Johanniskraut	nervenstärkend, harmonisierend.

Wohlschmeckende Gute-Nacht-Mischungen

Schlüsselblumen mit Baldrian und Lavendel — beruhigend, gefäßerweiternd.

Holunderblüten mit Hopfen — schlaffördernd.

Melisse mit Augentrost — krampflösend, entspannend.

Feine Tees für gemütliche Plauder- und Lesestunden

Holunderbeeren, frisch oder getrocknet, aufkochen, in die Teekanne zusätzlich 1 Zimtrinde, 2 Nelken und Honig.

Apfelschalen, frisch oder getrocknet, aufkochen, in die Kanne zusätzlich 1 Stück Ingwerwurzel, 1 Scheibe Zitrone und Honig, 1 TL Holunderblüten und 3 Dörrzwetschgen.

Malvenblüten, 2 Orangenscheiben, ¼ Vanilleschote auskratzen und mit der Schote und 2 Nelken in die Kanne geben. Honig zusätzlich.

Hagebutten aufkochen, ½ Zimtrinde, 2 Nelken, 1 Zakken Sternanis, Honig und 2 Scheiben Zitrone in die Teekanne geben.

Ebereschenbeeren und ¼ Apfel in Spalten aufkochen, mit Honig süßen.

Himbeerblätter und 5 Himbeeren in die Teekanne geben und aufgießen, ¼ Vanilleschote, Honig.

Ein Frühstück, das gute Laune macht

Wie unendlich vielversprechend beginnt ein Tag, der mit einem feinen Frühstück eingeleitet wird.
Ersinnen Sie wohlschmeckene Kombinationen, mit denen Sie Gaumen und Gesundheit am Morgen erfreuen!
Gerade in der Vollwertküche bieten sich nahezu unzählige Variationen, da hier mit verschiedenen Getreidesorten (die logischerweise auch unterschiedlich schmecken) gearbeitet wird. So ist es ein Leichtes, das morgendliche Frühstück mit Liebe und Einfallsreichtum zu einem erfreulichen Ereignis zu machen.

Das könnte z. B. so aussehen:

Frühstücks-Vorschlag

Roggenmüsli
(Grundrezept S. 110)
**mit
Birnen und Walnußkernen
Zimt und Nelke**

Vintschgerl
(S. 186)
Sauerteigbrot mit Sonnenblumenkernen
(S. 184)
Obatzda
(S. 121)
Butter, würziger Waldhonig

rohgerührte Zwetschgenmarmelade
(S. 122)

Dazu

**Tee aus
schwarzen Johannisbeerblättern,
Borretschblüten und -blättern**

Frühstücks-Vorschlag

Müsli aus gekeimten Weizenkörnern
(Grundrezept S. 110)
**mit eingeweichten
Trockenfrüchten und Leinsamen
Muskatnuß**

Toastbrot
(S. 166)
Haselnußlaiberl
(S. 155)
Plunderhörnchen
(S. 173)
**Butter, Akazienhonig
Kräuterbutter**
(S. 119)
Himbeerbutter
(S. 120)

Dazu
**Tee aus
Kamillenblüten und Himbeerblättern**

Frühstücks-Vorschlag

Gerstenmüsli
(Grundrezept S. 110)
**mit Walderdbeeren und Pinienkernen
Gänseblümchen und Ingwerwurzel**

Mohnkaisersemmeln
(S. 154)
Gerstenfladen
(S. 180)
Butter, Kastanienhonig
Apfel-Meerrettichbutter
(S. 119)
Mandelbutter
(S. 120)

Dazu

**Tee aus
Brennesselblättern und Gänseblümchen**

Frühstücks-Vorschlag

Hafermüsli
(Grundrezept S. 110)
**mit Brombeeren und Haselnüssen
Ingwerwurzel**

Käse-Kümmelstangerl
(S. 156)
Haferbrot
(S. 180)
**Butter, Kleehonig
Tomatenbutter**
(S. 119)
rohgerührte Aprikosenmarmelade
(S. 122)

Dazu

**Tee aus Tausendgüldenkraut
und Pfefferminzblättern**

Frühstücks-Vorschlag

Hirsemüsli
(Grundrezept S. 110)
**mit Himbeeren und Pistazien
Vanille**

Sesamsemmeln
(S. 152)
Brennesselbrot
(S. 157)
Butter, Löwenzahnhonig

Champignonbutter
(S. 118)
rohgerührte Marmelade

getrocknete Feigen

Dazu

**Tee aus Schafgarbe,
Frauenmantel und Gänseblümchen**

Frühstücks-Vorschlag

Buchweizenmüsli
(Grundrezept S. 110)
**mit Pfirsich und Cashewkernen
Vanille**

Sesamring
(S. 159)

Buchweizensemmeln
(S. 181)

Butter, Thymianhonig

Liptauer
(S. 121)

in Honig eingelegte Zitronenschalen
(S. 123)

Dazu

Tee aus Malvenblüten und Vanille

Frühstücks-Vorschlag

Weizenmüsli
(Grundrezept S. 110)
**mit Apfelspalten und Walnußkernen
Muskatnuß**

Milch- und Honigbrot
(S. 169)
Muffins
(S. 182)
**Butter, Lavendelblütenhonig
Parmesanbutter**
(S. 119)
Kerbelbutter
(S. 119)
rohgerührte Sauerkirschmarmelade
(S. 122)

Dazu

**Tee aus
Hagebutte, Apfelschalen und Zimtrinde**

Das Müsli

Gar vieler Namen kann es sich heutzutage rühmen, das Breichen aus Körnern, Nüssen und sonstigem eßbaren Allerlei, das gute, alte Müsli.
Wir nennen es *Müsli,* da diese Bezeichnung einfach freundlicher und liebevoller klingt, als das mit Unverdaulichem assoziierende *Frischkornbrei,* was so manchen, der erste zaghafte Schritte in Richtung gesunde Ernährung wagt, verschrecken mag.
Wir nennen es also Müsli, auch wenn es mit all den käuflichen Fertigmüslis bestenfalls den Namen gemeinsam hat.
Damit sich nämlich nicht schon die lebenswichtigen B-Vitamine per Oxidation an der Luft aus Körnern verabschieden, bevor sie auf den Teller kommen, muß das Getreide unmittelbar nach dem Schroten, also Aufschließen, in Wasser eingeweicht werden.
Jedes gedankenlose Herumstehenlassen schmälert den Gehalt.
Wenn Sie nun das geschrotete Korn durch Wasser vor Oxydation bewahrt haben, kommt der nächste Punkt, die Sache mit dem Phytin *(Getreide, S. 42).* Damit dieses unwirksam wird, muß das Getreide mindestens $\frac{1}{2}$ Stunde im Wasser sein. Fürs Müsli weichen Sie die gewünschte Menge Getreideschrot am besten über Nacht ein.
Lassen Sie sich also von keinem *weichen* Getreide, wie es z.B. der Hafer ist, dazu verleiten, nicht einzuweichen. Es geht dabei nicht nur um das Geschmeidigwerden der rauhen Körner, sondern auch um das Phytin!

Nun zu den Grundzutaten.
Immer im Müsli zu finden sind Äpfel, die aromatischsten und saftigsten, die Sie finden können, und Nüsse bzw. Ölsaaten. Äpfel deshalb, weil sie sich einerseits durch hohen gesundheitlichen Wert auszeichnen, schon das Sprichwort sagt: »An apple a day keeps the doctor away«, andererseits, weil sie zum (im allgemeinen auch im rohen Zustand säurebildenden) Getreide den basenbildenden Ausgleich schaffen. Und dann können wir uns fürs Müsli kein anderes Obst vorstellen, welches die Schwere des Körnerschrots besser auflockert als ein geriebener Apfel ...
Nüsse oder Ölsaaten sind wegen des natürlichen Fettanteils *(Fett, S. 30 ff.)* unerläßlich.
Weiter finden Sie meist Bananen oder eingeweichte Trockenfrüchte in den Rezepten angegeben. Sie sind weniger ein Muß als ein Vorschlag für Süßmäuler, die wie wir das Müsli gerne lieblich mögen.
Ebenso gilt das stets angegebene Schlagrahmhäubchen als Guten-Morgen-Gruß an den Gaumen — nötig ist es nicht.
Was jetzt noch kommt, kann nach Gusto variiert werden, nämlich Früchte der Saison und Gewürze wie Vanille, Nelken, Zimt etc. Hinein darf davon grundsätzlich alles, wovon Sie glauben, daß es zusammen gut schmeckt.
Aus unseren Frühstücksvorschlägen geht schon eine gewisse Regelmäßigkeit in der Speisenfolge hervor, die, wie Sie richtig vermuten, nicht dem Zufall überlassen wurde.
Den Anfang macht stets ein rohes Müsli. Erst dann folgen Brote, Semmeln usw. — also die erhitzte Nahrung. Müsli ist, obwohl es eigentlich eher robust aussieht, eine empfindliche Sache, die man nicht lange herumstehen lassen kann. Erstens wegen des Vitaminverlusts, der augenblicklich einsetzt (man denke nur an den geriebenen Ap-

fel, die Banane, den frischgeschroteten Leinsamen oder die eben gehackten Nüsse). Und zweitens sinkt es schon nach 20 Minuten zu einem klebrigen Brei zusammen, der in seinem eigenen Saft schwimmt und alles andere als appetitlich aussieht. Deshalb muß schon alles auf dem gedeckten Frühstückstisch bereitstehen. Tee, Brot, Brötchen, Butter ..., bevor Sie den Auftakt zu einem schönen Frühstück, das Müsli, servieren. (Wir erinnern uns: Rohe Nahrung immer *vor* der gekochten verzehren.

Grundrezept fürs Müsli

(Abbildung Seite 32)

Für 1 Portion:

Am Vorabend:
*60 g einer Getreidesorte
Ihrer Wahl
etwas kaltes Wasser*

Am nächsten Morgen:
*½ Zitrone bereithalten
1 mittelgroßer Apfel
½ Banane
1—2 EL süßer, halbfest-
geschlagener Rahm*

Zum Bestreuen:
*5—6 Haselnüsse oder
Mandeln in Scheiben
schneiden; oder
2—3 Walnußkerne mit der
Hand zerdrücken; oder
1 TL Sonnenblumenkerne
ganz lassen; oder
1 TL Leinsamen im elektrischen Schlagwerk frisch
pulverisieren*

Getreide grob schroten, in einer Glas- oder Porzellanschüssel mit so viel kaltem Wasser *(und nicht Joghurt, Milch oder Sauermilch — das verursacht Blähungen)* verrühren, daß ein steifer Brei entsteht. Ein Tuch über die Schüssel legen und zugedeckt bis zum Morgen stehenlassen.

Apfel waschen, nur Stiel und Blüte entfernen, fein oder gröber raffeln (wie Sie's lieber mögen), sofort mit etwas Zitronensaft beträufeln.
Banane schälen, grob raffeln oder mit einer Gabel fein zerdrücken, ebenfalls etwas Zitronensaft daraufträufeln.
Apfel und Banane locker unter den eingeweichten Getreideschrot heben — nicht mantschen! — und in ein hübsches Schälchen füllen.
Rahm leicht darüberfließen lassen.

Mit diesem simplen Grundrezept lassen sich erfreulich viele leckere Müslis zubereiten, indem Sie durch folgende Vorschläge das Rezept ergänzen.

Müsli aus Weizen

Haben Sie schon einmal daran gedacht, die Körner, anstatt sie zu schroten, einige Tage auskeimen zu lassen? *(Keimen, S. 77 f.)* Keimmüsli schmeckt besonders fein mit am Vorabend in Wasser eingeweichten Trockenfrüchten, z. B. Aprikosen, Feigen, Pflaumen ...
Zum Schluß den Rahmtupfer mit etwas frischgeriebener Muskatnuß und frischgemahlenem Zimt überstäuben.

Aus Gerste

Frische Erdbeeren (in ¼ Stücke schneiden) — vielleicht gibt es auf dem Markt Walderdbeeren — auf den Rahm purzeln lassen, einen Hauch frischgeriebene Ingwerwurzel darüberstäuben; mit Pinienkernen und evtl. frischgezupften Gänseblümchen zu einer Augen- und Gaumenschmauserei machen.

Aus Hirse

Hirse ist ein sehr hartes Getreide, deshalb schroten wir es nicht, sondern mahlen es mehlfein, bevor wir es einweichen; gut schmecken dazu schwarze oder rote Johannisbeeren, Himbeeren oder Stachelbeeren, Pistazienkerne. Etwas Naturvanille durch ein kleines Sieb darüberhauchen.

Aus Roggen

Frische Zwetschgen (oder auch Kurpflaumen) vierteilen; mit Walnußkernen und gemahlenen Nelken und Zimt ergänzen; falls gerade der Borretsch in Ihrem Garten blüht: 2—3 der kleinen blauen Blüten darüberfallen lassen.
Lecker sind auch Trauben (halbieren) und etwas frischgeriebene Muskatnuß.

Aus Hafer

mit Birnen (in Würfel schneiden, mit Zitronensaft beträufeln), frischgemahlenem Zimt und etwas Sternanis; hierzu passen Mandeln. Oder Brombeeren, Ingwer und Haselnüsse ...

Aus Buchweizen

Wir hindern ihn daran, zuviel Schleim zu produzieren, indem wir ihn weder schroten noch mahlen, sondern die ganzen Körner einweichen — die sind ohnehin ziemlich weich.
Mit Pfirsich (in Spalten oder Würfel) und Cashewkernen ergänzen, etwas Vanille durch ein feines Sieb darüberhauchen.

Fruchtmus

Haben Sie schon einmal daran gedacht, anstelle der ganzen oder irgendwie geschnittenen Früchte ein selbsthergestelltes Fruchtmus über das Müsli fließen zu lassen?
Hierzu geben wir die frischen Früchte oder — Trick 17 im Winter — tiefgekühlte Früchte in den Mixer, 1 Spritzer Zitronensaft, süßen evtl. mit etwas Blütenhonig und schlagen glatt.
Für Magen-Darm-Empfindliche ist jedoch zunächst ein gekochtes Müsli besser geeignet.
Im Prinzip verfahren Sie wie im Grundrezept, nur, daß Sie für 60 g Getreideschrot ca. 5 Tassen Wasser zum Einweichen nehmen, am nächsten Morgen Schrot samt Einweichflüssigkeit kurz aufkochen, und, so Sie's vertragen, Apfel und/oder Banane hineinreiben.
Zwar weniger eine Schonkost für Magenkranke als vielmehr ganz einfach lecker sind die folgenden Vorschläge, die durchaus hin und wieder anstelle des rohen Müslis stehen können.

Buchweizengrütze

Für 1 Portion:

50 g Buchweizen
¼ l Wasser
1 Prise Vollmeersalz
gut 1 EL Butter
½ EL Blütenhonig (Waldhonig würde sich wegen seines kräftigen Aromas auch gut eignen)
2 EL Sauerrahm (oder Joghurt)
etwas frisch pulverisierter Zimt (von ca. ¼ Zimtstange)

Buchweizen *sehr* grob schroten, d. h. wir lassen ihn so durch die Mühle laufen, daß er die Mahlsteine gerade eben streift. Bei solch kleinen Mengen genügt übrigens ein Mörser vollauf, worin Sie die Körner ganz leicht zerstoßen — nicht zermalmen — die Körner müssen noch erkennbar sein.
Salzwasser in einem Topf zum Kochen bringen.
Buchweizen einrühren und bei milder Hitze unter geschlossenem Deckel ausquellen lassen. Das dauert höchstens 10 Minuten.
Inzwischen in einem kleinen Topf Butter und Honig schmelzen, sofort vom Feuer nehmen (nicht braun werden lassen).
Mittlerweile dürfte die Buchweizengrütze eine mittelfeste Konsistenz haben (dann ist sie richtig); wir gießen sie in eine hübsche Schale, setzen ihr ein Sauerrahm-Häubchen auf und umgießen dieses mit der heißen Honig-Butterschmelze.
Mit Zimt bestreuen und essen, solange die vielversprechend duftende Grütze noch heiß ist.

Porridge

Für 1 Portion:

Am Vorabend:
2 EL entspelzter Hafer
½ Tasse kaltes Wasser

Am nächsten Morgen:
1 kleines Stück Vanilleschote
1 Tasse Milch
einige Körnchen Vollmeersalz
etwas Blütenhonig nach Zungentest
½ Apfel

Hafer grob schroten oder durch die Mohnmühle quetschen, so entstehen schöne Flocken; sofort in Wasser einweichen, mit einem Tuch abdecken und so bis zum Morgen stehenlassen.

Haferschrot samt Einweichflüssigkeit in einen Topf umfüllen, Vanilleschote aufschlitzen, Mark ausschaben und samt Schale dazugeben.

Milch und Salz dazugeben und unter ständigem Rühren mit dem Holzlöffel aufkochen und leicht andicken lassen. Die Konsistenz soll dabei eher schuppig bleiben.

Haferbrei vom Feuer nehmen und die Vanilleschote herausfischen. Wer mag, kann mit etwas Blütenhonig süßen.

Apfel waschen, Kerngehäuse entfernen, Apfel sehr fein reiben, in eine vorbereitete Schale geben, schnell mit dem noch heißen Hafersüppchen übergießen, einmal umrühren und gleich essen.

Wer's nicht lassen kann, setzt noch ein Sahnehäubchen darauf.

Hirsebrei mit Zwetschgenröster
frei nach Barbara Rütting

Für 1 Portion:

Am Vorabend:
70 g Hirse
200 g Wasser

Am nächsten Morgen:
200 g Milch
einige Körnchen Vollmeersalz
Zwetschgenröster (Rezept S. 284)

Hirse in eine Glas- oder Porzellanschüssel füllen, mit Wasser übergießen. Mit einem Tuch abdecken und so bis zum Morgen stehenlassen.
Hirse samt Einweichflüssigkeit in einen Topf umfüllen, mit Milch und Salz aufkochen und auf kleinem Feuer bei geschlossenem Deckel ca. 20 Minuten leise köcheln lassen. Inzwischen Zwetschgenröster zubereiten.
Immer wieder prüfen, daß der Brei nicht zu dick einkocht. Wenn er noch leicht flüssig ist, die Hirsekörner aber bereits weich sind, dann ist er genau richtig.
In eine vorgewärmte Schale füllen, einige Eßlöffel Zwetschgenröster in die Mitte geben und sofort genießen.

Von Brotaufstrichen und rohgerührten Marmeladen

Es ist schon fast rührend, was alles unternommen wird, um vegetarier-gemäße Brotaufstriche herzustellen. Die Resultate solcher Anstrengungen erinnern oft verdächtig an Leberwurst & Co. — die Folge verdrängter Lust an Fleisch?
Noch ein weiterer Stilbruch ist häufig zu beobachten: Auf der Suche nach einem kräftig-würzigen Brotaufstrich greifen Vollwertköstler gerne in den Getreidesack und rühren Pasten aus Grünkern, Weizen oder anderen Körnern.
Das ist ungefähr so sinnvoll wie eine Semmel mit einer Schwarzbrotscheibe zu belegen.
All diese Pasten sind uns wenig sympathisch. Wir praktizieren eine ehrliche Küche, die auch ohne Vorspiegelung falscher Tatsachen auskommt. So schlagen wir konsequenterweise delikate Buttervariationen und angemachte Käse vor.
Und da wir aus unter *Zucker* (S. 38) genannten Gründen verständlicherweise keine herkömmlichen Marmeladen verwenden, haben wir uns auf rohgerührte Marmeladen mit Honig ohne Geliermittel verlegt — sprich Fruchtmus. Das läßt sich mit den meisten Früchten problemlos und schnell herstellen, und weil es zudem auch noch sehr gut schmeckt, ist es keine Schwierigkeit, das Mus schnell aufzuessen, denn es ist höchstens 2—3 Tage haltbar. Falls

wirklich etwas davon übrigbleibt, dann freuen sich schon Müsli und verschiedene Desserts, mit einem Fruchtmus verfeinert zu werden.

Köstliche Butter

Champignonbutter

250 g Butter (zimmerwarm)
¼ Zwiebel
2 TL Öl
1 Handvoll Champignons oder Egerlinge
½ Zitrone bereitlegen
schwarzer Pfeffer aus der Mühle
Kräutersalz

Butter schaumig rühren.
Zwiebel schälen, in winzig kleine Würfelchen schneiden und in heißem Öl glasig dünsten.
Champignons putzen, mit einem sauberen Küchentuch abreiben, grob schneiden und zur Zwiebel geben. Kurz scharf anbraten, vom Feuer nehmen.
Im Mixer pürieren und — mittlerweile abgekühlt — in die schaumige Butter rühren.
Mit einem Spritzer Zitronensaft, einer Umdrehung aus der Pfeffermühle und einer Prise Kräutersalz delikat abschmecken.
Die noch geschmeidige Butter in ein hübsches Schälchen füllen (z. B. per Spritzbeutel) und bis zum Essen kalt stellen.

Auf diesem Grundprinzip bauen Sie andere Variationen auf. Z. B. könnten Sie der Champignonbutter noch einige frischgezupfte Thymianblättchen beifügen, oder eine Tomatenbutter zubereiten:

Tomatenbutter

Die Champignons durch 1 mittelgroße, schmackhafte Tomate ersetzen, diese mit sehr heißem Wasser überbrühen, Stielansatz entfernen und die Schale abziehen. Zusammen mit ½ Zwiebel und wenig Knoblauch im Mixer pürieren. Abschmecken mit wenig Tomatenmark, frischgezupften Liebstöckelblättern, Kräutersalz und Pfeffer.

Apfel-Meerrettichbutter

½ Apfel mit der Schale fein reiben, sofort mit Zitronensaft beträufeln. Je nach Geschmack 1—2 EL frischgeriebener Meerrettich, Kräutersalz und evtl. eine Spur Honig.

Parmesanbutter

2—3 EL frischgeriebener Parmesan, einen Spritzer Zitronensaft, vielleicht etwas weißer Pfeffer, falls nötig eine Prise Kräutersalz.

Aus frischen Kräutern könnten Sie eine klassische Kräuterbutter zubereiten oder eine

Kerbelbutter

Gut 1 Handvoll frische Kerbelblättchen kleinzupfen, einen Spritzer Zitronensaft, Kräutersalz und wenig weißer Pfeffer.

Basilikumbutter

1 Handvoll frische Basilikumblätter kleinzupfen, Zitronensaft, schwarzer Pfeffer (nicht zu zaghaft), Kräutersalz. Das kräftige Basilikum verträgt sich gut mit 1 Knoblauchzehe, in Scheiben geschnitten und in ganz wenig Olivenöl leicht angebraten.
Diese abgekühlt unter die Butter mischen.

Wildkräuterbutter

Junge Sauerampferblättchen, Brunnenkresse, Brennesselspitzen kleinzupfen, echte Veilchenblüten, Schlüsselblumen und Gänseblümchen; einen Spritzer Zitronensaft und wenig Kräutersalz.

Auch Beeren lassen sich gut in schaumige Butter einarbeiten. Mit etwas Honig und vielleicht einem Gewürz setzen Sie damit fruchtige Akzente. Wer gefrorene Früchte verwendet (ausnahmsweise), muß besonders darauf achten, daß eine homogene Masse aus Butter und den aufgetauten Früchten entsteht. Das bedeutet andauerndes Schlagen mit dem Schneebesen.

Himbeerbutter

1 Handvoll Himbeeren mit Honig nach Zungentest und wenig Vanille unter die Butter schlagen.

Schwarze Johannisbeerbutter

1 Handvoll schwarze Johannisbeeren, mit Honig und frischgeriebener Ingwerwurzel (nur einen Hauch).

Mandelbutter

1 Handvoll Mandeln mit kochendem Wasser brühen und abziehen, im Backrohr ohne Fett kurz rösten, bis sie Duft entwickeln. Abkühlen lassen, feinst zerkleinern und mit Honig und einer Spur Vanille in die Butter schlagen.

Sie könnten auch Quark mit Butter mischen und pikant abschmecken:

Liptauer

Zu 150 g Butter 250 g Quark rühren, 1 Zwiebel in feinste Würfel schneiden, 1 EL Kapern, 1 TL im Mörser grob zerstoßenen Kümmel, 1 TL Senf (S. 91), Kräutersalz, schwarzen Pfeffer und etwas edelsüßen Paprika einrühren.

Von ungewöhnlichem Feingeschmack ist

Eingelegter Schafskäse

Milden Schafskäse in 2-cm-Würfel schneiden, mit Mandeln (ungeschält und nicht zerkleinert), Lavendelblüten, einem Thymianzweiglein und ganzen Salbeiblättern in eine Glasschüssel geben und mit soviel feinstem Mandelöl übergießen, bis der Käse davon ganz bedeckt ist.
Mit einem Teller abdecken, 1—2 Tage ziehen lassen.
Nach 2 Tagen Käse und einige Mandeln herausfischen. Sie können ihn auf Salatblättern zu ofenfrischem Sesamring (S. 159) servieren.

Oder eine bayerische Deftigkeit servieren ...

Obatzda

250 g reifer Camembert, 100 g Butter, beides mit der Gabel nicht zu fein zerdrücken, 1 Zwiebel in kleine Würfelchen schneiden, 1 Eigelb, 1 Schuß Weißwein, etwas edelsüßen Paprika, Kräutersalz und Pfeffer unterkneten.

Für fruchtige Süße auf dem Frühstücksbrot sorgen rohgerührte Marmeladen, wie z. B.

Zwetschgenmarmelade

200 g frische Zwetschgen waschen, entkernen, ½ Zimtstange und 1 Zacken Sternanis pulverisieren. Mit wenig Honig (nach Zungentest) im Mixer glattschlagen. Wer will, fügt ein paar Tropfen Armagnac hinzu.
Haben Sie gerade keine frischen Zwetschgen zur Hand tun's auch tiefgefrorene. Oder Sie weichen über Nacht Kurpflaumen in Wasser ein.
Einen aparten Geschmack erzielen Sie, wenn Sie einige frischgeknackte und kaum zerkleinerte Walnüsse in das gemixte Mus geben (nicht mitmixen).

Aprikosenmarmelade

200 g frische Aprikosen waschen und entsteinen, mit frischgezupften Minzblättchen, einem Spritzer Zitronensaft und etwas Honig glattmixen.
Sie könnten anstelle der Minzblätter Ingwerwurzel nehmen.
Hier ist ebenfalls die Trockenfrucht-Variante möglich.

Sauerkirschmarmelade

200 g Sauerkirschen waschen und entsteinen, mit Honig, wenig feingeriebener Zitronenschale und etwas Vanille glattschlagen.

Marmelade von getrockneten Feigen

Kaum einer würde in unseren Breitengraden frische, köstliche Feigen für ein Mus opfern — also nehmen wir getrocknete. 200 g davon in Wasser über Nacht einweichen. Am Morgen im Mixer glattschlagen. Honig wird nicht nötig sein, aber ein kleiner Schuß Portwein (vom Feinsten) könnte nicht schaden ...

In Honig eingelegte Zitronenschalen

Von 2—3 sauber gewaschenen Zitronen die Schale hauchdünn abschälen, in mm-feine Streifchen schneiden. In ein verschließbares Glas geben und mit soviel bestem Orangenblütenhonig (gibt es im Honigspezialgeschäft) übergießen, bis die Zitronenstreifen ganz davon bedeckt sind; verschließen und 2—3 Tage mazerieren lassen. Innerhalb von 2 Wochen aufessen.

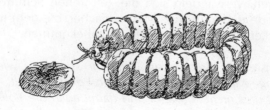

Kuchen und Brot

Genau besehen sind Kuchen und Brot eigentlich gar nicht so weit voneinander entfernt. Im Küchenrepertoire einer Hausfrau jedoch schon.
Denn da rangiert Kuchenbacken ganz oben, während Brotbacken, wenn überhaupt, bisher nur wenig Freunde fand — zumindest wenig von der Sorte, die einen so hohen Qualitätsanspruch an die morgendlichen Knusperdinger, sprich Semmeln, stellen, daß ihnen nichts anderes übrigbleibt, als sie allmorgendlich höchstpersönlich aus dem eigenen Ofen zu holen.
Zwischenbemerkung: Was nicht unbedingt heißt, daß diese morgens in aller Herrgottsfrühe aufstehen, damit das selbstgebackene Frühstück rechtzeitig fertig wird. Wozu hat man schließlich eine Tiefkühltruhe? — Wir wissen, wahre Feinschmecker hören dies nicht gerne, aber solange uns die Technik dient, wie in diesem Fall, hat sie durchaus ihre Berechtigung in der Küche. Rasch mit etwas Wasser bepinselt und kurz in den heißen Ofen geschoben, verwandeln sich die gefrorenen Semmeln in duftende und knusprige Muntermacher, die dem frischgebackenen Original verblüffend nahekommen.

Ansonsten ist Brotbacken ungefähr so selten wie ein 8-Gänge-Menü in einem normalen Privathaushalt.
Damit dies nicht so bleibt und damit auch die Vollkornmehlkuchen die Beliebtheit ihrer blassen Vettern, der Weißmehlkuchen, erlangen, haben wir uns im folgenden Kapitel ausführlich diesen beiden Themen gewidmet.

Der Mürbteig

Dieser Teig wird meistens mit gleichviel Fett wie Mehl hergestellt. Eier kommen entweder gar nicht oder nur sehr wenig hinein. Er läßt Vollkornmehl und Honig ohne Schwierigkeiten zu.
Die Bearbeitung muß schnell und kühl vor sich gehen und der Teig wird schöner, wenn Sie ihn mit den Händen kneten. Sobald er anfängt, weich zu werden: Aufhören mit dem Kneten und kühl stellen.
Kneten Sie den Teig zu lange, wird er kurz und brüchig und läßt sich dann nicht mehr verarbeiten; das Gebäck zerbröckelt.
Wenn Sie weniger Fett verwenden, setzen Sie dafür Wasser oder Milch zu und Backpulver, sonst gibt's ungemütlich harten Kuchen.
Übrigens, das Backergebnis wird um so besser, je länger der Teig kühlgestellt war. Sie können also beruhigt schon am Vortag den Teig kneten. Schlagen Sie ihn gut in Klarsichtfolie ein, um ein Austrocknen zu vermeiden.
Das Schöne auch an diesem Teig — Sie können ihn genausogut süß wie salzig verwenden.

Grundrezept für Mürbteig

550 g Weizen
250 g Butter
1 Ei

1 TL Vollmeersalz
4—5 EL Wasser oder Milch

Weizen sehr fein mahlen und die Butterflöckchen mit kühlen Händen damit abreiben.
Ei und Salz rasch unterkneten. Soviel Flüssigkeit dazugeben, daß ein glatter Teig entsteht.
Eine Kugel formen und in Klarsichtfolie einschlagen.
1—2 Stunden im Kühlschrank ruhen lassen.

Dieser Mürbteig bildet die klassische Grundlage für Quiche und Käsewähe.

Quiche

Dieses Grundrezept können Sie beliebig, je nach Angebot des Marktes, abwandeln. Mit einem Glas Wein kann das durchaus für ein kleines Abendessen stehen.
Rechnen Sie für ein Backblech ca. ½ Grundrezept Mürbteig, Öl zum Bestreichen der Teigfläche — Belag nach Gusto und Möglichkeit. Für den Guß 4 ganze Eier, ⅛ l Rahm, Kräutersalz, Gewürze, wenn Sie möchten Käse ...

Sehr gut eignet sich *im Frühling* Brennesselspinat oder Bärlauch, beides muß in Öl und Zwiebel kurz gedünstet werden. Den Rahm-Eierguß fein mit Muskatnuß abschmecken.

Im Sommer macht sich ein Belag aus Zucchini- und Tomatenscheiben, Paprika- und Zwiebelwürfelchen gut. Diese Gemüse brauchen nicht vorgegart zu werden. Wenn Sie

Knoblauch mögen — hierzu paßt er. Dem Guß frischen Thymian oder Majoran hinzufügen.

Im Herbst bietet sich Rosenkohl mit geschälten Eßkastanien an, natürlich vorgegart, und mit Muskatblüte im Rahm-Eierguß.

Im Winter, wenn die Gemüseauswahl nicht mehr so groß ist, belegen wir die Quiche mit Lauch oder backen eine Käsewähe nach folgendem Rezept:

Käsewähe

250 g Appenzeller
100 g Milch
250 g Crème fraîche
4 Eier
2 Eigelb

Kräutersalz
schwarzer Pfeffer
Muskat
100 g Weizen

Käse grob reiben, mit den übrigen Zutaten in einen Mixer geben.
Weizen fein mahlen, zu der Käse-Rahmmasse geben und kurz mischen.
Auf den vorbereiteten Teig gießen und bei 220°C goldgelb backen.
Quiche und Käsewähe werden ca. 20—30 Minuten gebacken.

Wenn Sie dem Grundrezept 2 EL Honig zufügen und die Salzmenge auf 1 Msp reduzieren, so steht Ihnen jede Möglichkeit offen, feine Obst- oder Quarkkuchen zu kreieren. Z.B.:

»Theas« Apfelkuchen

400 g Mürbteig (½ Grundrezept)
Butter und Mehl für die Springform und zum Ausrollen der Teigplatte
750 g Äpfel
1 Zitrone
2 Zimtstangen
1 TL Weizen
100 g Walnüsse
100 g Rosinen
1 EL Wasser
1 Eigelb
1 EL Honig
1 EL Rum

Springform mit weicher Butter ausstreichen und stäuben.
Backofen auf 200°C vorheizen.
⅔ des Mürbteigs ausrollen und in die vorbereitete Springform geben, dabei den Rand hochdrücken.
Teig 20 Minuten vorbacken.
Äpfel in Viertel schneiden, mit Zitronensaft beträufeln, grob raffeln.
Zimtstangen mit Weizen im elektrischen Schlagwerk fein pulverisieren, über die Äpfel streuen, Walnußkerne mit der Hand zerbröckeln, Rosinen zugeben und alles in den Kuchen füllen.
Von dem restlichen Teig eine Teigplatte von Größe der Springform ausrollen, auf die Äpfel legen und mit verquirltem Eigelb bestreichen.
Den Kuchen ca. 20—30 Minuten backen.
Honig und Rum verrühren und auf die Teigplatte pinseln.

Zimteis mit Zwetschgenröster (Rezepte S. 279 ▷ und 284)

Der Biskuit

Biskuitteige sind luftige Teige, deren unverzichtbarer Hauptbestandteil Eier sind. In der Vollwertküche kommt noch Honig und frischgemahlener Weizen, Dinkel oder Buchweizen dazu.
Die Mehle sind jederzeit teilweise oder ganz durch feingeriebene Nüsse oder Mohn austauschbar.
Selten wird diesem zarten Teig Butter beigefügt und wenn, dann immer in leicht geschmolzener Form und am Ende der Zubereitung. Das gibt dem flaumigen Teig mehr Standfestigkeit. Wenn Sie den Biskuit als Obsttortenboden verwenden wollen, so erweist sich diese Festigkeit als vorteilhaft. Auf Backpulver können wir bei diesen Kuchen ganz verzichten. Die Eier geben Lockerung genug.
Wichtig ist auch hier, wie bei den Rührteigen, daß Sie sorgfältig darauf achten, den klebrigen, schweren Honig mit den Eiern, und zwar $2/3$ mit dem Eigelb und $1/3$ mit dem Eiweiß, sehr luftig aufzuschlagen.
Das frischgemahlene Vollkornmehl ist dann trotz seines Kleieanteils — den lassen Sie bitte unbedingt drin — kein Nachteil für die zarte Beschaffenheit dieser Kuchen.
Lassen Sie also Ihrer Fantasie freien Lauf. Mit so feinen Zutaten wie Eiern, Honig, Mehl und Nüssen kann nur ein guter Kuchen entstehen. Um so feiner wird dieser, je höher der Eier- und Nußanteil ist.

Ihre Liebe und Aufmerksamkeit und gedankliches Vorausschmecken ist natürlich wichtigste Voraussetzung für ein gutes Gelingen.

◁ *Broccoliterrine* (Rezept S. 213)

Grundrezept für Tortenboden aus Biskuit

5 Eigelb
100 g Honig
150 g Weizen oder Dinkel
5 Eiweiß
1 Msp Vollmeersalz

20 g Honig
70 g Butter
Butter und Mehl für die Form

Eigelb und Honig hell-cremig rühren.
Getreide sehr fein mahlen.
Backrohr auf 190°C vorheizen.
Eiweiß mit Salz steif schlagen, Honig zum Schluß unterschlagen.
Butter schmelzen, alle Zutaten locker unterheben.
Eine Springform mit weicher Butter ausstreichen, mit Mehl stäuben, Teig einfüllen.
Bei 190°C 30—40 Minuten backen.
Beträufeln Sie den Kuchen mit Rum und belegen ihn mit einer dünnen Schicht Honig-Marzipan (S. 293).

Jetzt brauchen Sie nur noch süße Früchte, im Winter dürfen's auch gefrorene sein, und einen feinen Tortenguß. Den machen wir natürlich konsequenterweise selbst, und zwar so:

5 Aprikosen
1 gestrichener TL Agar-Agar

1 Msp Vanille
Weißwein oder Wasser
1 EL Honig

Die Aprikosen entsteinen, mit etwas Wasser in den Mixer geben, dazu Agar-Agar und Vanille.
Mixen Sie alles klein und streichen die Flüssigkeit durch ein feines Sieb und füllen mit Weißwein oder Wasser zu ¼ l Gesamtmenge auf. Geben Sie alles in einen kleinen

Topf, fügen den Honig hinzu und kochen, unter ständigem Rühren mit einem Schneebesen, einmal kurz auf. Sofort vom Feuer nehmen und 1—2 Minuten abkühlen lassen. Sofort über die Früchte verteilen — ergibt sehr schnell ein schnittfestes Gelee.

Bei Biskuit unbedingt beachten: *Während der Backzeit nicht die Backofentür öffnen!*

Varianten

Frische Zwetschgen — 1 Schuß Rum — 1 Zacken Sternanis, fein pulverisiert mit Weizen und abgesiebt.

Frische Sauerkirschen — etwas Rotwein — 1 Bittermandel, fein gerieben.

Frische Erdbeeren — 1 Schuß Cointreau — einige Blättchen frische Pfefferminze, mit gehackten Pistazien garnieren.

Frische schwarze Johannisbeeren — 1 Schuß Rum — wenig Ingwer fein pulverisiert mit Weizen und abgesiebt.

Bananen in Scheiben mit einem Hauch gemahlenem Ingwer (Wurzel).

Frische Himbeeren — 1 Msp Vanille — Schlagrahm.

Mit Honig gesüßtes Mus aus frisch pürierten Äpfeln — 1 Spritzer Zitronensaft — Schlagrahm.

Den Alkohol können Sie durch Zitronen- oder Orangensaft ersetzen oder ganz weglassen. Sie können auch Trockenfrüchte über Nacht einweichen, und das Einweichwasser verwenden.

Buchweizen-Haselnuß-Torte

100 g Buchweizen
75 g Haselnüsse
150 g Honig
6 Eigelb
6 Eiweiß

1 Msp Vollmeersalz
1 Msp Vanille
1 TL Butter
1 EL Mehl

Buchweizen staubfein mahlen, 1 EL Mehl zum Ausstauben der Form zurückbehalten.
Haselnüsse dextrinieren, fein reiben.
Honig mit Eigelb hell-schaumig rühren.
Salz im Mörser zerstoßen, es löst sich sonst schlecht auf, Eiweiß mit Salz steif schlagen und dazugeben.
Backrohr auf 180°C vorheizen.
Alle Zutaten mit einem Kochlöffel luftig unterschlagen — *wobei Sie schlagen wörtlich nehmen dürfen, denn es soll schließlich Luft hineingeschlagen werden, was aber niemals durch zaghaftes Unterheben geschieht.*
Eine feuerfeste Form mit ca. 20 cm Durchmesser und 30 cm Höhe mit Butter auspinseln, mit Mehl ausstauben und den Teig einfüllen.
Ca. 30 Minuten bei 180°C backen — die Backzeit ist jedoch unverbindlich, da jeder Ofen anders heizt; deshalb nach 30 Minuten mit einem Holzstäbchen prüfen.
Den fertigen Kuchen auf ein Kuchengitter stürzen und auskühlen lassen.

Für die Füllung:
2 EL Cointreau
¼ l süßer Rahm
2 Orangen

2 EL Waldhonig
1 Msp Nelkenpulver
½ Msp Muskatnuß

Den ausgekühlten Kuchen 2× horizontal durchschneiden, so daß 3 gleich dicke Teigplatten entstehen, diese mit Cointreau beträufeln.

Rahm steif schlagen.
Orangen hauchdünn abschälen und die Schale in hauchdünne Streifchen schneiden, mit Nelken- und Muskatpulver in Honig mindestens 1 Stunde mazerieren lassen.
Orangenfleisch in ½ cm Würfelchen schneiden.
Teigboden mit ¼ des Rahms bestreichen, mit ⅓ der mazerierten Orangenschalen und ½ der Orangenwürfel belegen, Teigmittelstück daraufgeben, wiederholen wie vorher, mit Teigplatte abschließen, den Rest des Rahms wie eine Haube über die Torte fließen lassen, mit Orangenschale und Honig verzieren.

Petits fours à la Sonnenschlößchen

Für 15 petits fours: *10 Eiweiß*
250 g Honig
Butter fürs Blech *250 g Mandeln*
1 Msp Vollmeersalz

Backrohr auf 220°C vorheizen.
Backblech mit Butterbrotpapier auslegen, mit weicher Butter bestreichen.
Salz im Mörser zerstoßen; Eiweiß mit Salz sehr steif schlagen, Honig nach und nach zugeben und fest weiterschlagen. Mandeln sehr fein reiben, locker unter den Eischnee heben.
Die Schaummasse aufs Blech streichen und bei 220°C ca. 10—15 Minuten backen.
Vom Mandelkuchen 5×7 cm große Stücke abschneiden.

Für die Füllung:
10 Eigelb
200 g Honig
1 EL Pulverkaffee
1 Tasse heißes Wasser

250 g Butter
50 g Kakao
Kokosflocken
Kakao
Pistazienkerne

Eigelb mit Honig im heißen Wasserbad hell-schaumig rühren. In kaltes Wasser stellen, unter ständigem Rühren abkühlen.
Pulverkaffee in heißem Wasser auflösen, abkühlen.
Butter schaumig rühren und mit Kakao und abgekühltem Kaffee löffelweise dazugeben.
Die Creme 2 Stunden kühl stellen.
Kuchenstückchen mit der Creme 1 cm dick bestreichen, 2 aufeinanderlegen.
Abwechselnd mit feingeriebenen Kokosflocken, feingeriebenen Pistazien und Kakao bestreuen. In kleinen, weißen Papier-Backförmchen servieren.

Festliche Mohntorte

(Abbildung Seite 80)

250 g Butter
250 g Honig
7 Eigelb
150 g Haselnüsse
¼ TL Vanille
250 g Mohn

Butter und Mehl für die Springform
1 Msp Vollmeersalz
7 Eiweiß
2 EL Rum
¼ l süßer Rahm

Butter schaumig rühren, Honig und Eigelb nach und nach zugeben. Mit dem Schneebesen rühren, bis eine helle Schaummasse entstanden ist.

Nüsse ohne Fett im Backrohr bei 200°C ca. 5 Minuten
rösten und fein reiben. Vanille zu den Nüssen geben.
Mohn frisch mit der Mohnmühle oder mit dem elektrischen Schlagwerk mahlen.
Backrohr auf 170°C vorheizen.
Springform mit weicher Butter ausstreichen und mit Mehl stäuben.
Salz im Mörser zerstoßen und ins Eiweiß geben, Eiweiß sehr steif schlagen.
Alle Zutaten mit einem Holzlöffel unter die Creme heben. In die vorbereitete Springform füllen und bei 160°C 30 Minuten backen, bei 180°C weitere 30 Minuten.
Die abgekühlte Torte einmal durchschneiden.
Eventuell die Böden mit 2 EL Rum beträufeln (kann auch weggelassen werden).
Rahm steif schlagen und ⅔ davon zwischen die Böden streichen. Mit ⅓ die Torte außen verzieren.

Biskuitroulade

Butter fürs Backblech　　*1 Msp Vollmeersalz*
6 Eigelb　　*4 Eiweiß*
80 g Honig　　*20 g Honig*
100 g Weizen　　*Mehl zum Aufrollen*

Backblech mit weicher Butter ausstreichen, mit Butterbrotpapier auslegen, ebenfalls bestreichen.
Eigelb mit Honig hell-cremig rühren.
Backofen auf 240°C vorheizen.
Weizen sehr fein mahlen.
Eiweiß mit Salz steif schlagen, Honig zum Schluß zugeben und mitschlagen.
Alle Zutaten locker unterheben und aufs Butterbrotpa-

pier streichen, dabei die Ränder nicht zu dünn machen — sie werden sonst hart und dunkel.
Bei 240°C 5—10 Minuten backen.
In der Zwischenzeit ein Küchentuch mit Mehl bestäuben. Die gebackene Roulade sofort auf das Tuch stürzen, Papier abziehen, aufrollen und auskühlen lassen.
Die Zahl der Eier können Sie beliebig verändern. *Je mehr Eier, um so lockerer die Roulade. Eiweiß macht Kuchen spröde und trocken, deshalb haben wir 2 davon weggelassen.* Einen Teil des Weizenmehls können Sie durch Buchweizenmehl ersetzen und dafür 1—2 Eier weglassen. *Buchweizenmehl gibt eine gute Lockerung und Elastizität.*
Oder Sie tauschen die Hälfte des Mehls mit Kakao aus, und schon haben Sie eine feine Schokoladenroulade, die am besten schmeckt, wenn Sie sie mit ungesüßtem, geschlagenem Rahm füllen. Die fertige Roulade mit Kakao bestäuben (dazu benutzen Sie ein feines Sieb).

Füllungen für helle Rouladen:

Schlagrahm mit Honig und Zitronensaft.

Keine Angst: Wenn Sie den Zitronensaft löffelweise unter den fast steifen Rahm schlagen, gerinnt er nicht, sondern wird dadurch schön fest.

Schlagrahm mit Honig, gerösteten, gemahlenen Haselnüssen und Rum.

Schlagrahm mit Honig und frischen Früchten der Jahreszeit.

Wenn Sie den Honig auf 30 g insgesamt reduzieren und dafür 1 TL Vollmeersalz und viel Muskatnuß frisch gerieben dazugeben, so können Sie ein *elegantes Zwischengericht oder leichtes Sommerabendessen* servieren:

Spinatroulade

500 g Spinat
1 Zwiebel
2 EL Öl
Kräutersalz

Pfeffer
Muskat
2 EL Crème fraîche

Spinat waschen, putzen und in kleine Streifen schneiden.
Zwiebel schälen, klein schneiden und in Öl glasig andünsten.
Spinat dazugeben, 5 Minuten zugedeckt dämpfen. Mit Kräutersalz, Pfeffer, Muskat abschmecken.
Die Roulade mit Crème fraîche bestreichen, mit Spinat füllen und aufrollen.
Mit einer feinen Muskatsauce (S. 275) servieren.

Eine weitere Variante: Mit jungen Erbsen, davon die Hälfte püriert, Tomatenwürfeln und Meerrettichsauce (S. 275).

Kastanienroulade »Alexander«

1 Grundrezept Biskuitroulade
250 g Eßkastanien
1 Tasse Weißwein
150 g Honig
1/8 l süßer Rahm

200 g frische (oder gefrorene) rote Johannisbeeren
1 EL Honig
1/8 l süßer Rahm

Kastanien 20 Minuten in 1 l Wasser kochen, schälen.
Kastanien mit Wein und Honig im Mixer pürieren.
Rahm steif schlagen, unter das Kastanienpüree heben.
Johannisbeeren mit Honig mixen, durch ein feines Sieb streichen.
Die Roulade innen mit der Marmelade bestreichen, Kastanienpüree einstreichen, aufrollen.
Außen mit Marmelade bestreichen.
Rahm steif schlagen und Roulade damit verzieren.

Sandkuchen

6 Eier
250 g Honig
1 Msp Vollmeersalz
2 EL Rum
1 Zitrone

130 g Weizen
130 g Pfeilwurzmehl
Butter für die Kastenform
150 g Butter

Eier, Salz, Rum und Honig im heißen Wasserbad zu einer hellen Creme schlagen.
Zitronenschale abreiben und zu der Eiermasse geben.
Weizen sehr fein mahlen, Pfeilwurzmehl dazugeben.
Backofen auf 180 °C vorheizen.

Kastenform mit weicher Butter ausstreichen.
Butter vorsichtig zerlaufen lassen.
Die Mehle durch ein feines Sieb über die Schaummasse geben und mit der Butter vorsichtig untermengen.
Den Teig in die vorbereitete Kastenform geben und bei 180°C ca. 40—60 Minuten backen.

Kleine Biskuitschnitten

Teig und Rezept Biskuitroulade (S. 135) zubereiten und backen. Jedoch nicht aufrollen, sondern in ca. 10 × 10 cm große Quadrate schneiden. Reichlich steif geschlagenen Rahm aufsetzen. Obenauf Früchte der Saison.

Der Rührteig

Honig und Vollkornmehl machen die Kuchenteige gerne schwer und klebrig.
Damit dies nicht passiert, sollten Sie sich die Mühe machen, Butter und Honig besonders schaumig zu rühren und die Eigelb einzeln während des Rührens beizufügen. Auch der Eischnee muß extra steif geschlagen werden. Sie werden herrlich lockere Kuchen aus dem Ofen holen.

Rührteig-Grundrezept für Gugelhupf und Kastenform:

Marmorkuchen

200 g Butter
300 g Honig
6 Eigelb
200 g Weizen
100 g Pfeilwurzmehl
½ TL Backpulver
1 Msp Vollmeersalz

6 Eiweiß
Butter und Mehl für die Form
80 g Kakao
30 g geriebene Mandeln
2 EL Rum

Butter schaumig rühren, Honig nach und nach zugeben. Eigelb Stück für Stück unterrühren, die Masse muß hellcremig sein.
Weizen sehr fein mahlen, mit Pfeilwurzmehl und Backpulver mischen.
Salz im Mörser zerstoßen. Eiweiß mit Salz sehr steif schlagen.
Alle Zutaten mit einem Holzlöffel locker, aber nicht zu zaghaft unterheben.
Backrohr auf 180—200°C vorheizen.
Gugelhupfform mit weicher Butter sehr sorgfältig ausstreichen, mit Mehl stäuben. Den Teig halbieren, eine Hälfte Teig in die Form geben.
Die andere Hälfte mit Kakao, Mandeln und Rum mischen, in die Form geben und mit einer Gabel spiralenförmig unterziehen.
Bei 180°C ca. 45—60 Minuten backen.

Bananenkuchen

200 g Butter
200 g Honig
2 Eigelb
150 g Weizen
100 g Kokosflocken
1 TL Backpulver
2 Eiweiß
1 Msp Vollmeersalz

1 kleines Stück Ingwerpulver
½ Stange Zimt
2 Nelken
1 EL Weizen
Butter und Mehl für die Springform

Butter schaumig rühren, Honig und Eigelb nach und nach dazugeben und hell-cremig schlagen.
Weizen sehr fein mahlen.
Flocken mit einem elektrischen Schlagwerk fein mahlen und Backpulver dazugeben.
Eiweiß steif schlagen, Salz im Mörser zerstoßen und dazugeben.
Gewürze mit Weizen in einem Schlagwerk fein pulverisieren.
Backofen auf 180°C vorheizen.
Springform mit weicher Butter ausstreichen, mit Mehl stäuben.
Alle Zutaten miteinander mischen. ⅔ davon als Boden in die Form geben, Rand hochziehen und bei 180°C vorbacken.

Für die Füllung:
6 Bananen
1 Zitrone
50 g Mandeln

Außerdem:
Streumehl zum Ausrollen

Bananen in Scheiben schneiden, mit Zitronensaft begießen.

Mandeln ohne Fett im Backrohr 5 Minuten rösten, in Scheiben schneiden.
Mandeln und Bananen in den vorgebackenen Kuchen geben.
Restlichen Teig zu einem runden Deckel ausrollen, auf die Bananen legen, bei 180°C 25 Minuten backen.

Kirschkuchen

*Butter und Mehl für die
Springform
200 g Butter
170 g Honig
5 Eigelb
1 Msp Vollmeersalz
Eiweiß
2 EL Vollkornbrösel
2 EL Rum
300 g Mandeln
250 g Sauerkirschen*

Springform mit weicher Butter ausstreichen, mit Mehl stäuben.
Butter schaumig rühren, abwechselnd Honig und Eigelb zugeben. Die Masse muß hell-cremig sein.
Backrohr auf 175°C vorheizen.
Salz im Mörser zerstoßen. Eiweiß mit Salz steif schlagen.
Brösel mit Rum befeuchten. Mandeln sehr fein mahlen.
Alle Zutaten mit einem Holzlöffel locker unterheben, in die vorbereitete Springform geben.
Sauerkirschen auf die Teigoberfläche legen und etwas eindrücken.
Bei 175°C ca. 1 Stunde backen.

Amerikanischer Bananen-Nuß-Kuchen

Butter und Streumehl
3 Bananen
30 g Butter
3 Eigelb
200 g Honig
250 g Weizen
100 g Haselnüsse
¼ EL Vollmeersalz
3 Eiweiß
½ Vanilleschote
1 TL Weizen
1 TL Backpulver

Kastenform mit weicher Butter ausstreichen und mit Mehl stäuben.
Bananen schälen, in ½ cm dicke Scheiben schneiden. In der Butter vorsichtig schmelzen, abkühlen.
Eigelb mit Honig hell-cremig schlagen.
Backrohr auf 180°C vorheizen.
Weizen sehr fein mahlen.
Nüsse bei 180°C ohne Fett im Backrohr 5 Minuten rösten, in Scheiben schneiden.
Salz im Mörser zerstoßen. Eiweiß mit Salz sehr steif schlagen.
Vanilleschote mit Weizen in einem elektrischen Schlagwerk pulverisieren, mit Backpulver und den übrigen Zutaten in einer großen Schüssel mit einem Holzlöffel unterschlagen.
In die vorbereitete Kastenform füllen und bei 180°C 1 Stunde backen.

Stachelbeerkuchen

200 g Butter
120 g Honig
4 Eigelb
200 g Weizen
2 TL Backpulver

Butter und Mehl für die Form
1 Msp Vollmeersalz
4 Eiweiß
2 EL weißer Rum
250 g Stachelbeeren

Butter schaumig rühren, Honig langsam, Eigelb nach und nach zugeben.
Weizen sehr fein mahlen, mit Backpulver mischen.
Springform mit weicher Butter auspinseln, stäuben.
Backrohr auf 220 °C vorheizen.
Salz im Mörser zerstoßen, zum Eiweiß geben und Eiweiß sehr steif schlagen. Rum nach und nach unterschlagen.
Alle Zutaten mit einem Holzlöffel mischen und in die vorbereitete Springform geben.
Die Beeren waschen, mit einem Küchentuch trockentupfen, auf die Teigoberfläche geben, etwas eindrücken und bei 220 °C ca. 30 Minuten backen.

Dieses Rezept eignet sich auch sehr gut für den ersten, zarten Rhabarber. Dann 50 g Mehl weglassen und durch 50 g feingeriebene Kokosflocken ersetzen.

Einen saftigen Sommerkuchen bekommen Sie mit frischen Aprikosenhälften und dazwischengesteckten Walnüssen.

Napfkuchen »Norbert«

300 g Butter
200 g Honig
9 Eigelb
200 g Mandeln
100 g Dinkel
2 TL Backpulver

1 Zitrone
9 Eiweiß
¼ TL Vollmeersalz
150 g Honig
Butter und Streumehl für die Form

Butter schaumig rühren, Honig dazugeben und hell-cremig schlagen. Eigelb nach und nach zufügen, die Creme muß fast weiß-schaumig sein.

Mandeln sehr fein mahlen. Dinkel mehlfein mahlen und mit Backpulver mischen. Zitronenschale fein abreiben und mit dem Saft zum Mehl geben.

Eiweiß mit Salz sehr steif schlagen, Honig in kleinen Portionen unterschlagen.

Form mit weicher Butter ausstreichen und mit Mehl stäuben. Backrohr auf 180°C vorheizen.

Alle Zutaten nicht zu zaghaft mit einem Holzlöffel unterschlagen. Teig in die vorbereitete Napfform geben.

Bei 180°C 50—60 Minuten backen.

Orangenkuchen

250 g Butter
250 g Honig
5 Eigelb
5 Eiweiß
1 Msp Vollmeersalz
feingeriebene Schale von
2 Orangen und 1 Zitrone
150 g Dinkel
50 g Pfeilwurzmehl
1 Msp Backpulver

100 g gemahlene Mandeln
125 g Orangeat
Butter und Mehl für die Backform
Rahm

Zum Tränken:
2 EL Orangensaft
2 EL Zitronensaft
2 EL Orangenlikör

Butter schaumig rühren, nach und nach Eigelb und Honig zufügen. Eiweiß steif schlagen.
Orangeat in kleine Würfel schneiden. Dinkel sehr fein mahlen, mit Pfeilwurzmehl und Backpulver mischen.
Sämtliche Zutaten in einer großen Schüssel mit einem Holzlöffel locker unterheben.
Eine runde Springform buttern, mit Mehl bestäuben, den Teig einfüllen und bei 200°C 40—50 Minuten backen.
Aus der Form nehmen, noch warm mit den Säften und dem Likör tränken.
Mit steifgeschlagenem, ungesüßtem Rahm servieren.

Gewürzkuchen

400 g Butter
350 g Honig
8 Eigelb
300 g Haselnüsse
200 g Weizen
3 TL Backpulver
25 g Kakao oder Carob
1 TL Butter

5 Nelken
2 Zacken von Sternanis
2 Zimtstangen
1 Vanilleschote
1 EL Weizen
8 Eiweiß
½ TL Vollmeersalz

Butter schaumig rühren, Honig löffelweise dazugeben, Eigelb nach und nach unterschlagen.

Haselnüsse im Backrohr ohne Fett bei 175°C 5 Minuten rösten. Mit der Schneidscheibe einer Gemüseraffel in Scheiben schneiden.

Weizen mehlfein mahlen, 1 EL fürs Backblech zurückhalten. Mehl, Backpulver und Kakao mischen.

Backrohr auf 180°C vorheizen.

Backblech mit Butter einpinseln und mit 1 EL Mehl bestäuben.

Sämtliche Gewürze samt Weizen (in der Moulinette) staubfein reiben.

Salz im Mörser zerstoßen, Eiweiß mit Salz steifschlagen.

Alle Zutaten mit einem Holzlöffel luftig unterschlagen, auf das Backblech streichen und ca. 30—35 Minuten backen.

Abkühlen, in Streifen schneiden und in einer Blechdose aufbewahren.

Eine sehr feine Variante: Den Teig in einer Springform backen. Nach dem Auskühlen 1mal durchschneiden, mit Rum beträufeln und mit ¼ l süßem, steifgeschlagenem Rahm füllen.

Der Brandteig

Vollkornmehl läßt sich ohne Schwierigkeiten zu Brandteig verarbeiten. Die angegebene Feuchtigkeitsmenge können Sie teilweise oder ganz durch Milch ersetzen. Das Gebäck bräunt dadurch leichter und wird knuspriger.

Bei Brandteig beachten, daß er um so besser aufgeht, je länger der abgebrannte Teig kühl steht (Richtwert 2—3 Stunden). Lassen Sie den einzelnen Gebäckstücken auf dem Blech genügend Platz und *öffnen Sie auf keinen Fall während der Backzeit die Ofentür!*

Grundrezept für Brandteig

80 g Butter
1 Msp Vollmeersalz
¼ l Wasser

125 g Weizen
4 Eier

Butter, Salz und Wasser aufkochen, den Topf vom Herd nehmen.
Weizen sehr fein mahlen, auf einmal zu der Flüssigkeit geben und schnell glattrühren.
Topf wieder auf den heißen Herd stellen und unter starkem Rühren *abbrennen.*
Topf wieder zur Seite stellen und nach und nach die Eier zugeben, dabei fest rühren, bis der Teig speckig glänzt.
Teig 2 Stunden kalt stellen.

Windbeutel

Aus diesem Grundteig können Sie Windbeutel backen:
Setzen Sie von dem Teig mit einem Spitzbeutel aprikosengroße Teigstücke auf das bemehlte Backblech.
Bei 220°C ca. 20 Minuten backen.
Windbeutel noch warm durchschneiden, abkühlen lassen. Füllen Sie sie mit gesüßtem Rahm oder Käsecreme.
Sie können einem Teil des Teiges gleich nach dem Abbrennen, solange er noch warm ist, Parmesan, Kräuter oder Tomatenmark zufügen. Kleine Blumen oder Sterne davon aufs Blech gesetzt und kurz gebacken, ergeben eine köstliche Einlage für klare Gemüsesuppen.

Einen luftigen Brandteigkuchen machen Sie so:

Brandteigkuchen

Aus dem Brandteig 3 Böden spiralenförmig von ca. 30 cm Ø auf ein bemehltes Blech spritzen. 6 kleine Windbeutel dazwischen setzen.
Bei 220°C 20—30 Minuten backen.
Auf die abgekühlten Böden mit Honig gesüßten, steifgeschlagenen Rahm und frische Himbeeren geben. Mit den 6 Windbeuteln den obersten Boden dekorieren. Mit einem Löffel Fäden von zähflüssigem Waldhonig ziehen.

Der Hefeteig
kalt- und warmgeführt

Hefeteig eignet sich je nach Zutaten ebensogut zur Brot- wie Kuchenbereitung.
Außer Roggen — er ist schwer und Hefe ist für ihn als Triebmittel zu schwach — können Sie jedes Getreidemehl mit Hefe lockern.
Wir bevorzugen frische Hefe. Sie muß kühl, trocken, geruchsfrei und sauber aufbewahrt werden.
Hefeteige müssen gründlich und ausreichend geknetet werden.
Durch den hohen Anteil an Nährstoffen im frischgemahlenen Getreidemehl vermehrt sich die Hefe sehr schnell und wir haben nach einer relativ kurzen *Gehzeit* schon eine gute Lockerung und einen backfähigen Teig.

Ein Hefegrundteig, der alles mit sich machen läßt

700 g kaltes Wasser
80 g Hefe
1 EL Honig
3 TL Vollmeersalz

1200 g Weizen oder Dinkel
2 EL Butter

Alle Zutaten bereitstellen, außerdem mehrere Backbleche leicht mit Mehl bestäuben — *Sie haben richtig gelesen: keine Butter verwenden!*
1 Becher Wasser, 1 Pinsel und 1 Schale Streumehl vorbereiten.
In eine Rührschüssel kaltes Leitungswasser, Hefe, Honig und Salz hineingeben und vermischen.
Dieser Teig wird kaltgeführt, das gibt lockeres Brot mit

schöner Krume. Warmgeführte Teig ergeben trockenes, strohiges Brot.
Jetzt wird das Getreide nicht ganz fein gemahlen und sofort in die vorbereitete Flüssigkeit gerührt. Den Teig 10 bis 12 Minuten kneten — der Kleber muß herausgearbeitet werden. Anschließend den Teig zugedeckt 10 Minuten ruhen lassen.
Die Butter wird in einem Töpfchen vorsichtig geschmolzen und unter den Teig geknetet. *Damit erreichen wir, daß das gebackene Brot schön schnittfest wird und nicht krümelt.*
Das Backrohr auf 250 °C vorheizen.

Mit diesem unkomplizierten Teig können Sie fast alles backen, was Ihnen Ihre Fantasie eingibt, z. B.:

Semmeln

Sie nehmen ein ca. 50 g schweres Stück Teig und legen es auf ein Backbrett. Mit der Handfläche nach unten beginnen Sie, das Teigstück immer in eine Richtung zu drehen, bis sich allmählich eine Teighaut und ein Teigschluß bildet. Außer den Schribben (S. 153) werden die Semmeln immer mit dem Teigschluß nach unten auf das Backblech gesetzt. Bis sie dann richtig zum Einschießen sind, müssen die Backwaren zugedeckt gehen. Das dauert in der warmen Küche in der Regel 10—12 Minuten. War die Garzeit zu kurz und haben die Semmeln ihr Volumen noch nicht erreicht, so reißen sie beim Backen auf. Beginnen die Semmeln auseinanderzulaufen und flach zu werden, so war die Gehzeit zu lange. Mit der Zeit entwickeln Sie das nötige Fingerspitzengefühl, um den richtigen Augenblick zu erkennen.

Backwaren dieser Größenordnung brauchen ungefähr 20—30 Minuten. Da dieser Wert nicht verbindlich ist, müssen Sie immer wieder prüfen. Sie sollten knusprig, aber nicht hart und von goldbrauner Farbe sein. Das erreichen Sie vor allem dadurch, daß Sie sofort, nachdem Sie das gefüllte Backblech in den Ofen geschoben haben, eine Tasse Wasser auf den Boden des Backofens gießen und die Ofentür augenblicklich schließen.

Einen ähnlichen, wenn auch schwächeren Dampfeffekt erzielen Sie, indem Sie die ersten Minuten eine Schale heißes Wasser auf den Boden des Backofens stellen. Das ist für Ihren Backofen zwar schonender — bei Gasherd gar nicht anders möglich — die Brote werden aber nicht ganz so fein ...

Nach beschriebener Grundform werden folgende Varianten hergestellt:

Sesamsemmeln

Für 7 Semmeln: *300 g Teig*
50 g Sesam

Sesam auf einem Backblech ohne Fett 5 Minuten bei 200°C im Backrohr rösten und ¾ davon in den Teig kneten.

Die runden Brötchen werden an der Oberseite mit kaltem Wasser bepinselt und mit dem restlichen Sesam bestreut.

Die Semmeln mit dem Teigschluß nach unten auf das vorbereitete Blech setzen. Je nach Raumtemperatur 10 bis 15 Minuten mit einem Tuch abgedeckt gehen lassen.

Bei 250°C 20—30 Minuten backen.

Rosinenweckerl

Für 7 Weckerl:

300 g Teig
50 g Rosinen

3 EL Wasser
¼ TL Vanille
1 EL ausgesiebtes Mehl

Rosinen 10 Minuten in Wasser einweichen, abtropfen und unter den Teig kneten. Kugeln formen. Ausgesiebtes Mehl und Vanille mischen und die Semmeln darin eindrehen.
10 Minuten zugedeckt gehen lassen.
Bei 250 °C 20—30 Minuten backen.

Leinsamenschribben

Für 7 Schribben:

300 g Teig
50 g Leinsamen

Leinsamen schroten und sofort in den Teig kneten, damit seine wertvollen Inhaltsstoffe nicht oxydieren!
Kugeln formen, mit dem Handballen handtellergroße Fladen drücken und aufrollen. Das gibt eine länglich-bauchige Form, die sich zu den beiden Enden hin verjüngt. Mit Teigschluß an der Unterseite lassen Sie die Schribben 10 Minuten zugedeckt gehen.
Jetzt werden sie mit dem Teigschluß nach *oben* auf das Blech gesetzt. Bei 250 °C 20—30 Minuten backen.

Mohnkaisersemmeln

Für 7 Semmeln: *300 g Teig*
20 g Mohn

Kugeln formen, mit Wasser bepinseln, den Kaisersemmelstupfer aufdrücken (sachte, nicht zu tief!), mit der Oberseite in Mohn eintauchen und auf das Backblech geben.
Je nach Raumtemperatur 10—15 Minuten mit einem Tuch abgedeckt gehen lassen.
Bei 250°C 20—30 Minuten backen.

Olivenfladen

Für 7 Fladen: *2 EL Olivenöl*
20 g Parmesan
1 TL Oregano
300 g Teig
7 Oliven

Oliven entsteinen und in kleine Stücke schneiden. Mit Oregano und Parmesan zusammen in den Teig einkneten. Kugeln formen, mit dem Handballen flachdrücken. Mit einem Messer gitterförmig (je 3mal) einschneiden, mit Olivenöl bepinseln.
Zugedeckt 10 Minuten gehen lassen.
Bei 250°C 20—30 Minuten backen.

Haselnußlaiberl

Für 7 Laiberl:
300 g Teig
50 g Haselnüsse

Haselnüsse ohne Fett bei 200°C im Backofen ca. 5 Minuten rösten, in Scheiben schneiden und ¾ davon unter den Teig kneten.
Kugeln formen und mit einem bemehlten, dünnen Kochlöffelstiel jede Semmel in der Mitte ziemlich tief eindrücken. Mit Wasser bepinseln und restliche Haselnüsse daraufstreuen.
10 Minuten zugedeckt gehen lassen.
Bei 250°C 20—30 Minuten backen.

Schafskäserollen

Für 7 Rollen:

300 g Teig

150 g Schafskäse
2 EL Basilikum in Olivenöl
(Rezept S. 87)

Kugeln formen, mit einem Nudelholz auf ca. 20 cm Ø ausrollen. Mit Olivenöl bestreichen, 2—3 Basilikumblättchen und Schafskäse darauflegen.
Kleine Strudel von 10 cm Länge formen und mit Olivenöl bestreichen.
Auf dem Backblech 10 Minuten zugedeckt gehen lassen.
Bei 250°C 20—30 Minuten backen.

Käse-Kümmel-Stangerl

Für 7 Stangerl: *300 g Teig*
2 EL Kümmel
50 g Appenzeller

Käse fein raffeln und mit Kümmel mischen, ¾ davon in den Teig kneten. Kugeln formen, mit einem Nudelholz ca. 15 cm lang und 8 cm breit *oval* auswellen. Mit einer Hand das untere Ende festhalten und mit der anderen Hand vom oberen Ende her mit leichtem Druck zu einem »Stangerl« aufrollen.
Mit Wasser bepinseln und mit Kümmel und Käse bestreuen.
10 Minuten zugedeckt gehen lassen.
Bei 250 °C 20—30 Minuten backen.

Mit dem gleichen Grundteig backen Sie verschiedene Brote.
Bei den Broten ist es ähnlich wie bei den Semmeln. Sie sollten wenigstens nach dem Formen eine schöne geschlossene Teighaut haben. Ist die Oberfläche von Anfang an *rissig,* so trocknet das Brot beim Backen zu stark aus; es gleicht dann sehr schnell einer Mondlandschaft und wirkt unschön.
Brote brauchen je nach Größe etwas länger als Semmeln, bis sie *ausgebacken* sind. Für sie gilt das Gleiche wie für die Semmeln — sie sollten ein schönes, knuspriges, goldbraunes Aussehen und eine lockere Krume haben.
Hier besonders darauf achten, daß die Brote wirklich gut *durchgebacken* sind — matschiges Brot ist eine Beleidigung für den Gaumen.

Brennesselbrot

Für 1 Brot:

300 g Teig

2 EL Öl
1 Zwiebel
50 g Brennesselspitzen

Zwiebel schälen, fein in Würfel schneiden. Öl in einem kleinen Pfännchen heiß werden lassen, Zwiebelwürfel glasig andünsten.
Brennesselspitzen streifig schneiden, 3 Minuten mit andünsten und alles zusammen in den Teig hineinkneten. Runden Laib formen.
Bei 250°C 20—30 Minuten backen.

Marzipan-Bananen-Brot

Für 1 Brot von ca. 30 cm Länge:

300 g Teig

200 g Ingwer-Marzipan
(Rezept S. 293)
1 Banane
2 EL Rahm

Teig mit einem Nudelholz 30 cm lang, 20 cm breit auswellen, mit 1 EL Rahm bestreichen, Marzipan in die gleiche Form bringen, auf den Teig legen, mit dem Nudelholz einmal rauf und runter rollen.
Die Banane schälen, in Scheiben schneiden und in die Mitte des Teigfladens legen. Behutsam aufrollen.
20 Minuten zugedeckt gehen lassen.
Bei 250°C 20—30 Minuten backen.

Zwiebelbrot

300 g Teig *1 EL Öl*
100 g Zwiebeln

Zwiebel schälen, in feine Ringe schneiden und in Öl goldgelb-glasig anrösten. ¾ davon in den Teig kneten, einen runden Laib formen. Mit dem Teigschluß nach unten auf ein Backblech setzen. Restliche Zwiebel auf dem Laib verteilen und 20 Minuten zugedeckt gehen lassen.
Bei 250°C 20—30 Minuten backen.

Mandelbaguette

Für 1 Baguette von ca. *300 g Teig*
**30 cm Länge:*   *100 g Mandeln*

Mandeln in Scheiben schneiden und in den Teig hineinkneten.
Baguette formen, mit Wasser bepinseln und 20 Minuten zugedeckt gehen lassen.
Bei 250°C 20—30 Minuten backen.

Griechischer Sesamring

300 g Teig ca. *50 g Sesam*

Sesam auf einem Blech im Backrohr 5 Minuten ohne Fett rösten. ¾ davon unter den Teig kneten und diesen zu einer Kugel formen. Die Kugel in beide Hände nehmen und mit beiden Daumen in der Mitte ein Loch durchdrücken. Behutsam mit den Fingern kreisförmig bewegen, dabei leicht dehnen und den Ring vergrößern. Vorsichtig auf ein Backblech heben, mit Wasser bepinseln.
In 4 cm Abstand nicht zu tief einschneiden, dann läßt sich das Brot bei Tisch besser brechen.
Den restlichen Sesam daraufstreuen und zugedeckt 20 Minuten gehen lassen.
Bei 250°C 20—30 Minuten backen.
Servieren Sie diesen Ring warm mit Rotwein und griechischem Salat.

Für einfache, leichte Bauern-Blechkuchen eignet sich dieser Hefeteig ganz hervorragend.
Zuerst das Backblech mit Butter bepinseln und mit Mehl bestäuben.
Jetzt kann der Teig sofort auf dem Backblech ausgerollt werden, sofern Sie ein Spezial-Nudelholz mit Führungsgriff haben. Ansonsten rollen Sie den Teig auf einem gut bemehlten Backbrett auf Blechgröße aus, streuen eine Handvoll Mehl darauf und klappen den Teig auf ¼ der Größe zusammen. So läßt er sich leicht aufs Backblech heben.
Geben Sie ihm jetzt seine endgültige Form und drücken mit den Fingern einen kleinen Rand rundherum an.
Die einzelnen Zutaten der folgenden Vorschläge für den Belag sind ohne weiteres untereinander austauschbar.

Zwetschgendatschi

300 g Teig
Butter und Streumehl
fürs Backblech und zum
Ausrollen des Teiges
1 Eiweiß
1 kg Zwetschgen

2 Zimtstangen
1 EL Weizen
200 g Walnüsse
100 g Butter
2 EL Honig

Den ausgerollten Teig mit angeschlagenem Eiweiß bestreichen — *das verhindert das Durchweichen des Bodens.*
Zwetschgen waschen, entkernen und mit einem Messerchen leicht ein- aber nicht durchschneiden, so daß 4 gleichmäßige Spalten aneinanderhängen. Schuppenförmig auf den Teig legen.
Backrohr auf 250°C vorheizen.
Zimtstangen mit Weizen in einem elektrischen Schlagwerk fein pulverisieren und durch ein feines Sieb auf die Zwetschgen stäuben.
Walnüsse in der Hand zerdrücken und locker über die Zwetschgen streuen.
Butter und Honig in einem kleinen Pfännchen vorsichtig schmelzen und mit einem Eßlöffel gleichmäßig über den belegten Kuchen träufeln.
20—30 Minuten backen.
Servieren Sie ihn warm mit geschlagenem Honigrahm.

Apfelschnitten
mit Sauerrahmguß

300 g Teig
Butter und Streumehl
fürs Backblech und zum
Ausrollen des Teiges
1 Eiweiß
100 g Rosinen
2 EL Rum oder Wasser

1 kg aromatische Äpfel
Saft von 1 Zitrone
1 Vanilleschote
1 TL Weizen
¼ l Sauerrahm
1—2 EL Honig

Den ausgerollten Teig mit angeschlagenem Eiweiß bestreichen — *das verhindert das Durchweichen des Bodens.*
Rosinen in Rum einlegen (oder ersatzweise in Wasser, falls Sie keinen Alkohol mögen).
Äpfel waschen, in Viertel schneiden, Kerngehäuse entfernen — die Schale bleibt. Die Apfelstücke in dünne Scheiben schneiden, mit Zitronensaft beträufeln, schuppig auf den ausgewellten Teig legen.
Backrohr auf 250°C vorheizen.
Vanilleschote in 2-cm-Stücke schneiden, mit Weizen in einem elektrischen Schlagwerk pulverisieren.
Vanillepulver, Honig und Sauerrahm mit einem Schneebesen cremig schlagen. Rumrosinen unterheben und alles zusammen gleichmäßig über die Äpfel gießen.
20—30 Minuten backen.
In 10 auf 20 cm große Stücke schneiden und ofenwarm genießen.

Birnen-Holunder-Schnitten mit Baiserhaube

300 g Teig
Butter und Streumehl
fürs Backblech und zum
Ausrollen des Teiges
1 Eiweiß
1 kg Birnen
Saft von 1 Zitrone
250 g Holunderbeeren

2 Nelken
1 Zimtrinde
1 Zacken Sternanis
1 TL Weizen
1 Msp Vollmeersalz
4 Eiweiß
150 g Honig

Den ausgerollten Teig mit angeschlagenem Eiweiß bestreichen — *das verhindert das Durchweichen des Bodens.*
Birnen waschen, in Viertel schneiden, Kerngehäuse entfernen. Die Birnenstücke in dünne Scheiben schneiden, mit Zitronensaft beträufeln.
Schuppig auf den ausgerollten Teig legen und Holunderbeeren dazwischenstreuen.
Backrohr auf 250°C vorheizen.
Gewürze mit Weizen in einem elektrischen Schlagwerk pulverisieren. Durch ein feines Sieb über die Früchte stäuben und 15 Minuten vorbacken.
Vollmeersalz in einem Mörser zerstoßen. Eiweiß mit Salz steif schlagen.
Teelöffelweise Honig unterschlagen.
20—30 Minuten backen.
Den Kuchen aus dem Ofen nehmen und den Eischnee locker darauf verteilen. Nochmals 15 Minuten backen.
In Stücke schneiden und ofenfrisch genießen.

Diesen Grundteig verwenden wir auch für Pizza, Quiche und Zwiebelkuchen. Für die Quiche verwenden wir die Beläge wie auf Seite 126 f. aufgeführt.

Pizza

300 g Teig
⅛ l feinstes Olivenöl
1 Zwiebel
1 grüne Paprikaschote
100 g Champignons oder Egerlinge
5—6 EL sehr würzige Tomatensauce (S. 271)

1 Mozzarella
30 g Parmesan
2 EL schwarze Oliven
1 TL Oregano
1 EL Basilikum in Öl (S. 87)

Der ausgerollte Teig wird mit 2—3 EL Olivenöl bestrichen.
Zwiebel schälen, in dünne Ringe schneiden, in 1 EL Olivenöl glasig dünsten.
Paprika waschen, in mittelfeine Streifen schneiden. Champignons putzen, mit einem sauberen Küchentuch vorsichtig abreiben, in dünne Scheiben schneiden.
Tomatensauce mit einem Pinsel auf dem Teig verteilen. Mit Paprikawürfeln, Champignonscheiben und Zwiebelringen belegen.
Backrohr auf 250°C aufheizen.
Mozzarella in kleine Scheiben schneiden, Parmesan ganz fein reiben und mit Oregano gleichmäßig auf der Pizza verteilen, Oliven auflegen.
Basilikumöl darüberträufeln und die Basilikumblättchen darauflegen.
20—30 Minuten backen.

Zwiebelkuchen

*Butter und Streumehl fürs
Backblech
300 g Teig
1 Eiweiß
1 kg Zwiebeln
3 EL Öl*

*200 g süßer Rahm
4 Eier
Kräutersalz
schwarzer Pfeffer
Kümmel*

Backblech mit weicher Butter bepinseln, mit Streumehl bestäuben.
Teig ausrollen, Rand andrücken. Mit leicht geschlagenem Eiweiß bestreichen.
Backrohr auf 220°C vorheizen.
Zwiebeln schälen, in feine Ringe schneiden und in heißem Öl goldgelb andünsten.
Wenn die Pfanne nicht groß genug ist, die Zwiebelringe in 2 oder 3 Portionen zubereiten, *sie dürfen nicht Saft ziehen.*
Die fertigen Zwiebeln auf dem Teig verteilen.
Rahm, Eier, Salz, Pfeffer und Kümmel mit einem Schneebesen zu einer homogenen Masse rühren und die Zwiebeln damit übergießen.
Bei 220°C ca. 30 Minuten goldgelb backen.

Champignontaschen

Streumehl fürs Backblech
und zum Ausrollen des
Teiges
500 g Teig
1 Zwiebel
2 EL Öl
500 g Champignons

1/8 l Rahm
Kräutersalz
Pfeffer
1/2 TL Pfeilwurzmehl
Thymian
1 Eiweiß, angeschlagen

Teig auf bemehlter Arbeitsfläche nicht zu dünn ausrollen. Mit einer Schüssel von ca. 10 cm Ø, deren Rand in Mehl eingetaucht wird, runde Scheiben ausstechen.
Backrohr auf 220°C vorheizen.
Zwiebel schälen, feine Würfelchen schneiden und in heißem Öl glasig dünsten.
Champignons putzen, mit einem sauberen Küchentuch abreiben, in Scheiben schneiden. Zu den Zwiebeln geben, 5 Minuten mitdünsten.
Rahm, Kräutersalz, Pfeffer und Pfeilwurzmehl verquirlen, zu den Pilzen geben und behutsam aufkochen, vom Feuer nehmen.
In die Mitte einer jeden Scheibe nicht zuviel von der Pilzmasse geben. Thymian klein zupfen und darüberstreuen.
Teigränder mit Eiweiß bepinseln und zusammenklappen. Ränder fest andrücken.
Bei 220°C ca. 20—30 Minuten backen.

Sauerkrauttaschen

Für die Füllung Sauerkraut klein schneiden und mit Zwiebeln 10 Minuten dünsten. Mit Weißwein abschmecken.

Spinattaschen

Für die Füllung Spinat in Öl und Zwiebeln dünsten, mit Muskat und Rahm abschmecken.

Sie vermuten richtig: Die Liste der Möglichkeiten ist schier endlos und unser Teig ein Tausendsassa. Vor allem seine kalte Führung und seine deshalb problemlose und wenig zeitaufwendige Herstellung macht ihn so sympathisch, weil man ihm nicht anschmeckt, wie wenig Mühe er macht.

Im Gegensatz dazu verlangen folgende Rezepte etwas mehr Aufmerksamkeit, da sie Milch und meist erheblich mehr Butter enthalten. Das bedeutet, daß Sie diesen Teig unbedingt warm führen müssen.

Doch wenn Sie das tun und sorgfältig arbeiten, wird Sie das Ergebnis entsprechend begeistern!

Toastbrot

Butter und Streumehl für die Kastenform
1 TL Vollmeersalz
550 g kaltes Wasser
50 g Hefe
1 EL Honig
825 g Weizen
65 g Butter

Eine Kastenform mit weicher Butter auspinseln, mit Mehl bestäuben.
Vollmeersalz im Mörser zerstoßen, mit Wasser, Hefe und Honig verrühren.
Weizen fein mahlen, in die vorbereitete Flüssigkeit geben und 10—12 Minuten kneten.
10 Minuten zugedeckt gehen lassen.
Butter vorsichtig schmelzen, zum Teig geben und gut einarbeiten.
Teig in die Kastenform einfüllen, mit einem Küchentuch bedeckt 10—20 Minuten gehen lassen.
Bei 200°C 20 Minuten, dann die Hitze verringern und bei 180°C 40 Minuten backen.

Kümmelfladen

Butter und Streumehl fürs Backblech
500 g Milch
1 EL Honig
30 g Hefe
1 TL Vollmeersalz

500 g Weizen oder Dinkel
2 EL Butter

Zum Bestreuen:
1 EL grobes Vollmeersalz
2 EL Kümmel

Backblech mit weicher Butter bestreichen, mit Mehl bestäuben.
Milch auf 30—35°C (handwarm) erwärmen, Honig und Hefe zugeben, verrühren.
Salz im Mörser zerstoßen, zur Milch geben.
Getreide nicht ganz fein mahlen, zu der vorbereiteten Flüssigkeit geben, 10 Minuten kneten.
Butter zerfließen lassen, in den Teig einarbeiten, 10 Minuten zugedeckt ruhen lassen.
Backofen auf 200°C vorheizen.
Den Teig auf das Blech streichen und mit Salz und Kümmel bestreuen.
20 Minuten zugedeckt gehen lassen.
Bei 200°C 30 Minuten backen.

Käse-Brennessel-Brioche

*Butter und Streumehl für
die Backform
½ TL Honig
40 g Hefe
3 EL warmes Wasser
4 Eier
1 EL Brennesselsenf
(S. 91)
½ TL Kräutersalz
schwarzer Pfeffer
100 g Butter
100 g Weizen
1 Zwiebel
2 EL Öl
100 g Gruyère
1 Handvoll Brennessel-
spitzen oder
1 Marktbüschel Petersilie*

Backofen auf 225°C vorheizen.
Eine feuerfeste Schüssel mit weicher Butter bepinseln und mit Mehl bestäuben.
Honig, Hefe und warmes Wasser mischen. Eier mit Senf verrühren, Salz und Pfeffer dazugeben.
Butter zerfließen lassen, zu den Eiern geben.
Weizen mehlfein mahlen.
Zwiebel schälen, feine Würfelchen schneiden und in Öl glasig dünsten.
Käse in kleine Würfel schneiden.
Kräuter waschen, mit einem Küchentuch trocknen und klein zupfen.
Alle Zutaten mit einem Holzlöffel zu einem Teig verrühren und zugedeckt ½ Stunde gehen lassen.
In die vorbereitete Schüssel füllen.
Bei 220°C 30—40 Minuten backen.
Die Brioche warm zu einer Schüssel Salat und einem Glas Wein servieren.

Milch- und Honigbrot

350 g Milch
30 g Hefe
100 g Honig
2 TL Vollmeersalz
500 g Weizen

150 g Walnußkerne
100 g süßer Rahm
80 g Butter
Butter und Mehl für die Form

Milch auf ca. 35°C erwärmen, Hefe und Honig dazugeben.
Salz im Mörser zerstoßen, dazugeben und gut verrühren.
Weizen nicht ganz fein mahlen, zu der vorbereiteten Flüssigkeit geben und 10 Minuten kneten.
Rahm und Butter leicht erwärmen und mit den Nüssen langsam unter den Teig kneten. Mit einem Küchentuch bedeckt 1 Stunde gehen lassen.
Backofen auf 220°C vorheizen.
Kastenform mit weicher Butter ausstreichen, stäuben, den Teig einfüllen, zugedeckt 30 Minuten gehen lassen.
50—60 Minuten backen, *evtl. nach der halben Backzeit mit Alufolie abdecken, damit die Oberfläche nicht zu dunkel wird.*

Sonntags-Frühstücksbrot

3 EL Milch
1 TL Honig
20 g Hefe
300 g Weizen
½ TL Vollmeersalz

120 g weiche Butter
3 Eier
Butter und Mehl für die Kastenform
Streumehl zum Ausrollen

Milch und Honig auf 35 °C erwärmen, Hefe darin auflösen.
Weizen sehr fein mahlen.
Salz im Mörser zerstoßen, mit aufgelöster Hefe zum Mehl geben und mischen.
Butter in kleinen Portionen unterkneten und mit den Eiern nach und nach zu einem glatten Teig schlagen. Mit einem Küchentuch bedeckt 1 Stunde gehen lassen.
Backofen auf 250 °C vorheizen.
Kastenform mit weicher Butter ausstreichen und mit Mehl stäuben.
Teig mit einem Nudelholz 20 × 20 cm groß ausrollen, eine feste Rolle machen, mit dem Teigschluß nach unten in die Kastenform geben, zugedeckt 30 Minuten gehen lassen.
30—40 Minuten backen, dabei nach 10 Minuten den Backofen ausschalten.

Bauernbrot

Streumehl fürs Backblech und zum Formen des Brotes
1 EL Vollmeersalz
750 g Wasser
100 g Milch

1 Würfel Hefe
1 EL Honig
1 EL Kümmel
1 EL Koriander
1½ kg Weizen

Vollmeersalz im Mörser zerstoßen, mit Wasser, Milch, Hefe und Honig vermischen.
Kümmel und Koriander in die Getreidemühle geben, Weizen nachschütten und fein durchmahlen.
Die Gewürze immer am Anfang in die Mühle geben, durch das nachlaufende Getreide reinigen sich die Steine wieder.
Teig 10—12 Minuten kneten und zugedeckt 20 Minuten gehen lassen.
Backrohr auf 200°C vorheizen.
Wenn der Teig eine gute Lockerung zeigt, nochmals kurz durchkneten und 2 Laibe formen, zugedeckt 15—20 Minuten gehen lassen.
Oberfläche mit Wasser bepinseln.
Bei 200°C 1 Stunde backen, dann bei 100°C 1 Stunde ausbacken.

Plunderteig und Blätterteig

Plunderteig ist kaltgeführter Hefeteig (Hefegrundteig Seite 150) mit eingezogener Butter. Es gibt 2 Zubereitungen:

Deutscher Plunderteig, auf 500 g Teig 150 g Butter.

Dänischer Plunderteig, auf 500 g Teig 250 g Butter.

Blätterteig wird aus gleich viel Mehl wie Butter, ohne Treibmittel, hergestellt. Mit Salz, Honig, Milch oder Wasser und Eigelb kann geschmacklich variiert werden.

Für alle 3 Teige sollten Sie folgende Grundregeln beachten:

- Kühl bearbeiten.
- Sorgfältig *touren,* d.h. mehrmaliges Ausrollen und Einschlagen des Teiges (ist im Rezept genau beschrieben).
- Ruhezeiten einhalten.
- Austrocknen vermeiden.
- Vor dem Zusammenschlagen Streumehl abkehren.
- Nicht zu dünn ausrollen.
- Auf richtige Backtemperatur (220—230°C) achten!
- Bei Blätterteig Backbleche nicht fetten, sondern mit kaltem Wasser abspülen.

Grundrezept für dänischen Plunderteig

250 g Milch
40 g Hefe
2 TL Vollmeersalz
100 g Honig

50 g Butter
2 Eier
500 g Weizen
250 g sehr kalte Butter

Milch leicht erwärmen, Hefe, Honig, Salz und Butter darin auflösen, die Eier aufschlagen und mit der Flüssigkeit verrühren.
Weizen sehr fein mahlen und mit der vorbereiteten Milch 10 Minuten verkneten. Mit einem Küchentuch bedeckt 20 Minuten gehen lassen.
Teig auf 30 × 40 cm ausrollen.
Butter zwischen 2 Klarsichtfolien auf 15 × 20 cm ausrollen. Aus der Folie lösen, in die Mitte der Teigplatte legen, die Teigränder über die Butter schlagen. Vorsichtig von der Mitte aus nach oben und unten auf 30 zu 60 cm ausrollen, Mehlreste abpinseln. Von oben und unten je ⅓ des Teiges zur Mitte einschlagen — in Klarsichtfolie legen und 1 Stunde kühl stellen.
Nach 1 Stunde das Teigpaket aus der Folie nehmen und breitseitig vor sich auf die bemehlte Arbeitsfläche legen. Von der Mitte her wieder nach oben und unten ausrollen, einschlagen und in Klarsichtfolie in den Kühlschrank legen. Dieses Tourenschlagen noch 1mal wiederholen.
Backrohr auf 220 °C vorheizen.
Aus dem ausgewellten Teig Dreiecke mit je 10 cm Seitenlänge schneiden. Von der Breitseite her aufrollen und zu Hörnchen formen. Mit Klarsichtfolie abgedeckt 1 Stunde gehen lassen.
Bei 220 °C ca. 20—30 Minuten backen.

Sie können auch kleine Taschen aus dem Teig zubereiten, die Sie mit einer süßen Quarkmasse füllen.

Quarkfüllung

100 g Butter
150 g Honig
1 Eigelb
200 g Quark

1 Msp Vollmeersalz
2 EL Mais
1 EL Rosinen

Butter schaumig rühren, Honig nach und nach zufügen und hell-cremig aufschlagen. Eigelb dazugeben und mit Quark aufschlagen.
Vollmeersalz im Mörser zerstoßen. Mais mehlfein mahlen und mit Rosinen unter die Quarkmasse geben.

Köstlich schmeckt der Plunderteig mit Nußfüllung, zu einem Striezel geformt.

Nußfüllung

200 g Haselnüsse
200 g Honig
100 ccm süßer Rahm

1 EL Vollkornbrösel
1 TL Zimt
Butter für die Kastenform

Haselnüsse im Backrohr ohne Fett rösten, bis sie zu duften anfangen, abkühlen und fein reiben.
Nüsse mit Honig, Rahm, Bröseln und Zimt vermischen.
Den Teig zu einer Platte von ca. 30×60 cm ausrollen. Nußfüllung darauf verteilen und von der breiten Seite her aufrollen. Mit einem scharfen Messer der Länge nach halbieren. Die beiden Teigstränge gegeneinander eindrehen, so daß das Resultat einer lockeren Kordel ähnelt.
Eine Kastenform mit weicher Butter ausstreichen, den Striezel hineinlegen und ca. 40 Minuten mit Klarsichtfolie abgedeckt gehen lassen.

Bei 220°C ca. 30—40 Minuten backen.
Ungefähr nach halber Backzeit mit Alufolie abdecken, um zu verhindern, daß die Oberfläche zu dunkel wird.

Käsestangen

Mehl zum Ausrollen
300 g Blätterteig (Grundrezept siehe unten)

50 g Parmesan

Blätterteig ausrollen.
Parmesan fein reiben, auf den Teig streuen und auf die ursprüngliche Größe zusammenklappen.
Noch mal auf 3 mm Dicke ausrollen, mit einem Teigrädchen zwei 10-cm-Streifen radeln.
Zu Spiralen drehen, Backblech mit kaltem Wasser abspülen, Spiralen 30 Minuten ruhen lassen. Backrohr vorheizen. Bei 220°C ca. 15—20 Minuten backen.

Grundrezept für Blätterteig

500 g Weizen
1 TL Vollmeersalz
100 g weiche Butter
1 TL Honig

250 g Wasser oder Milch
500 g Butter
Streumehl zum Ausrollen des Teiges

Weizen sehr fein mahlen.
Salz im Mörser zerstoßen, Butter, Honig und Wasser zugeben und zu einem weichen Teig verarbeiten. In Klarsichtfolie einschlagen, damit er nicht abtrocknet und mindestens 2 Stunden kühl stellen. *Nur so kann der Teig*

nachquellen — und erhält die für das Einziehen des Fettes notwendige Dehnbarkeit.
Zwischen Klarsichtfolie wird die Butter auf die doppelte Größe ausgewellt und auch kalt gestellt.
Streumehl bitte sparsam verwenden, sonst fällt das Gebäck auseinander und wird strohig-trocken.
Teig auf leicht bemehlter Arbeitsfläche auf die Größe von 30 × 40 cm ausrollen, Butter aus der Folie nehmen und darauflegen, Teigränder einschlagen und wieder auf die ursprüngliche Größe ausrollen. Dabei behutsam von der Mitte her nach oben und unten arbeiten. Von der Längsseite unten $1/3$ Teig nach oben schlagen, von oben $1/3$ nach unten schlagen. Den Teigziegel in Klarsichtfolie einwickeln und 1 Stunde kalt stellen.

Bei der 2. Tour genau wie bei der 1. verfahren, einschlagen, 1 Stunde kühl stellen.

3. Tour:
Teig wieder von der Mitte her behutsam nach oben und unten ausrollen, zu einer Teigplatte von ca. 30 × 40 cm Größe. Jetzt $1/4$ des Teiges von unten nach oben und $1/4$ von oben nach unten schlagen, den Teig in der Mitte zusammenklappen, den Teigziegel in Folie einwickeln — 1 Stunde kalt stellen.

4. Tour wie 3. Tour usw., bis 6 Touren, denn je mehr Touren, desto besser der Teig ...

Dieses Grundrezept ist großzügig bemessen, da sich Blätterteig zwar aufwendig herstellen, aber gut einfrieren läßt.
Es gibt übrigens noch eine bequemere Variante: Sie nehmen Strudelteig (S. 222) plus 250 g Butter und schlagen Touren wie beim richtigen Blätterteig.

Quarkblätterteig

250 g Weizen
250 g Quark
250 g Butter
¼ TL Vollmeersalz
Streumehl

Weizen sehr fein mahlen, auf eine kalte Marmorplatte sieben, mit kühlen Händen rasch Quark, Butter und Salz einarbeiten.
Den glatten Teig zur Kugel formen, in Klarsichtfolie eingeschlagen 30 Minuten kühl stellen.
Auf leicht bemehlter Arbeitsfläche ein 40 × 60 cm großes Rechteck ausrollen und 6mal *touren* wie beim Blätterteig (S. 176).

So ein Blätterteig schmeckt nicht nur gut mit Nußfüllung (S. 174) und Quarkfüllung (S. 174).
Haben Sie z. B. schon einmal daran gedacht, ihn als Strudel mit kurzgedämpften Äpfeln, Rumrosinen und Honig zu füllen?

Blätterteigpastetchen mit Waldpilzen

600 g Blätterteig
1 Eigelb
Thymian

Von 600 g Blätterteig auf leicht bemehlter Arbeitsfläche 2 Teigplatten von 20 × 20 cm ausrollen.
Mit einem scharfen Messer je 1mal längs und 1mal quer durchschneiden.
Eigelb mit Wasser verquirlen und den Teig an der Oberseite damit bestreichen.

Backblech mit kaltem Wasser abspülen und die Teigstücke darauf 30 Minuten ruhen lassen.
Waldpilze nach Rezept S. 269 zubereiten.
Backrohr auf 220°C vorheizen.
Blätterteigstücke im Rohr ca. 15—20 Minuten backen.
Inzwischen 4 Teller warm stellen.
Jetzt auf jeden Teller ein warmes Blätterteigstück legen, Pilze daraufgeben und mit einem zweiten Blätterteigstück abdecken.
Mit Thymianblättchen bestreut servieren.

Aprikosentörtchen mit Rahmguß

Mehl zum Ausrollen
300 g Blätterteig
Butter zum Ausstreichen
der Förmchen
⅛ l süßer Rahm
3 Eier

50 g Honig
1 Msp Vollmeersalz
¼ Vanilleschote
½ TL Weizen
250 g Aprikosen

Backrohr auf 220°C vorheizen.
Blätterteig 3 mm dick ausrollen, 12 kleine Tortenförmchen von ca. 6—8 cm Ø mit weicher Butter ausstreichen. Die Förmchen mit Blätterteig auslegen.
10 Minuten vorbacken.
Rahm, Eier, Honig und Salz in den Mixer geben.
Vanilleschote und Weizen mit elektrischem Schlagwerk pulverisieren. In den Mixer geben und kurz mischen.
Törtchen aus dem Ofen nehmen, Rahmguß hineingießen.
Aprikosen waschen, entsteinen, in Viertelstückchen in die Törtchen legen.
10—15 Minuten goldgelb backen.

Blätterteigcanapés

Mehl zum Ausrollen
300 g Blätterteig
50 g Gruyère
1 Msp Vollmeersalz

2 Eigelb
je 1 TL Mohn, Sesam, Kümmel und Mandelhälften

Blätterteig auf leicht bemehltem Backbrett auf 20 × 30 cm ausrollen.
Käse fein reiben, auf die Teigplatte streuen. Von der Breitseite zu je ¼ einschlagen, zusammenklappen und 3 mm dick ausrollen. 5 cm große Quadrate schneiden.
Backbleche mit kaltem Wasser abspülen. Die Teigstücke daraufgeben.
Salz im Mörser zerstoßen und mit Eigelb verquirlen. Teigstücke damit bepinseln und abwechselnd mit Mohn, Sesam, Kümmel und Mandelhälften garnieren.

Vom Brot
(Abbildung Seite 33)

Bisher glänzte der Weizen in der Rolle des idealen Back-Getreides. Auch mit anderen Körnern bäckt sich's gut. Die folgenden Rezepte widerlegen die weitverbreitete Ansicht, daß Gerstenbrot nicht schmeckt und daß man mit Hafer nichts Erfreuliches backen kann. Und wer erst einmal in mit Butter belegte Mais-Muffins gebissen hat, der wird endgültig alle Vorurteile über Bord werfen und sie für das halten, was sie sind: Gerüchte.

Haferbrot

250 g Buttermilch
30 g Hefe
1 EL Honig
2 TL Vollmeersalz

200 g Hafer
200 g Weizen
Butter für die Form
Hafer für die Form

Buttermilch auf 30°C erwärmen, Hefe, Honig, Vollmeersalz dazurühren.
Getreide fein mahlen, zur vorbereiteten Flüssigkeit geben, 10 Minuten kneten.
Backrohr auf 220°C vorheizen.
Mit der weichen Butter eine Kastenform auspinseln, Hafer mit einem Nudelholz oder mit der Mohnmühle zu Flocken quetschen und die Form damit ausstreuen, 1 EL davon zurückbehalten.
Teig einfüllen, mit den restlichen Flocken bestreuen, zugedeckt 20—30 Minuten gehen lassen.
Bei 220°C 30—40 Minuten backen.

Gerstenfladen

1. Tag abends:
2 Tassen Sauerkrautsaft
2 Tassen Wasser
2 Tassen Gerste
2 Tassen Weizen
1 EL Honig
2 TL Vollmeersalz

20 g Hefe

2. Tag morgens:
1 Tasse Sonnenblumenkerne
Butter und Mehl fürs Backblech

Sauerkrautsaft mit dem Wasser auf ca. 50°C erwärmen.
Getreide nicht ganz fein mahlen, mit Honig und Salz zur Flüssigkeit geben.

10 Minuten kneten und über Nacht zugedeckt stehenlassen.
Sonnenblumenkerne ohne Fett im Rohr 5 Minuten rösten, zum Teig geben, gut einarbeiten.
Backrohr auf 250°C vorheizen.
Backblech mit weicher Butter bestreichen und stäuben.
Den sehr weichen Teig aufs Backblech schütten, ausstreichen.
20—30 Minuten bei 250°C backen.

Diesen Fladen bei Tisch brechen und mit Herzhaftem wie Liptauer (S. 121) oder Obatzdn (S. 121) servieren.

Buchweizensemmeln

300 g Buttermilch
30 g Hefe
1 EL Honig
2 TL Vollmeersalz

200 g Buchweizen
200 g Weizen
2 EL Butter

Buttermilch auf 30°C erwärmen, Hefe und Honig dazugeben.
Salz im Mörser zerstoßen, Buchweizen grob schroten, Weizen fein mahlen.
Alle Zutaten in einer Rührschüssel 10 Minuten kneten.
Butter vorsichtig in einem Pfännchen zerfließen lassen und gut in den Teig einarbeiten. 10 Minuten zugedeckt ruhen lassen.
Backrohr auf 250°C vorheizen.
Kleine Teigstücke von ca. 50 g zu Kugeln formen und leicht länglich ausarbeiten. Mit kaltem Wasser bestreichen und 10 Minuten zugedeckt gehen lassen.
Unter Dampf bei 250°C 20—30 Minuten backen.

Muffins

*weiche Butter für die
Backformen
½ TL Vollmeersalz
2 Tassen Mais
1 Tasse Weizen
3 TL Backpulver*

*2 Eier
1½ Tassen Zuckerrüben-
sirup, ersatzweise Honig
3 Tassen Milch, besser
schmeckt's mit Rahm*

Feuerfeste Tassen oder Souffléformen mit weicher Butter auspinseln.
Vollmeersalz im Mörser zerstoßen, Mais und Weizen mahlen (nicht ganz fein mahlen), Backpulver dazugeben und mischen. Eier, Sirup und Milch bzw. Rahm dazugeben. Mit Holzlöffel gut verrühren.
Backrohr auf 180 °C vorheizen.
Den flüssigen Teig in die vorbereiteten Formen füllen, knapp ¾ voll.
Bei 180 °C ca. 50 Minuten backen.
Aus dem Ofen nehmen und in der Form 10—15 Minuten abkühlen lassen. Mit einem Messerchen am Rand leicht lösen und herausstürzen.

Die Muffins sind in der Mitte sehr weich — das gehört so! Nur dann haben sie jenen unnachahmlichen Geschmack, der sie so unwiderstehlich macht ...

Roggenbrot
mit Sauerteig

Roggen ist ein rauher Bursche und braucht daher ein starkes Triebmittel, wenn daraus ein gutes Brot werden soll. Also nehmen wir Sauerteig. Mit diesem entsteht nicht nur eine lockere und doch stabile Krume — auch der gesundheitliche Wert steigt, es wird ein aromatischer Geschmack gewonnen und, last not least, haben wir damit ein natürliches Konservierungsmittel im Brot, da die Milchsäurebakterien die Entwicklung von Schimmel verhindern. Das macht Sauerteigbrot wochenlang haltbar, sofern Sie es luftig und trocken lagern.

Nun zum Teig selbst: Den Sauerteig-Ansatz kann jeder spielend selbst herstellen. Das hat zwei Vorteile: Erstens ist es billiger, zweitens — und das ist, wie wir meinen, das wichtigste — werden Sie unabhängiger. Zudem ist Sauerteigbrotbacken wenig kompliziert (um nicht zu sagen einfach), denn alles, was Sie beachten müssen ist, daß die Teigführung Zeit, konstante Wärme und Feuchtigkeit braucht, damit sich die Milchsäurebakterien entwickeln können.

Die Zutaten können nach Lust und Laune bestimmt werden. Denn Brotbacken ist eine kreative Tätigkeit ohne feste Vorschriften, wenn Sie so wollen. Verkneten Sie Mehl, Wasser und Gewürze mit einem Triebmittel, dann entsteht unweigerlich ein Brot. Über dessen Beschaffenheit bestimmen Sie selbst: Nehmen Sie mehr Wasser als Mehl, wird das Brot lockerer; wünschen Sie eine festere Konsistenz, dann geben Sie mehr Mehl dazu.

Sie befürchten es sicher schon — wir backen unser Brot ohne abgewogene Zutaten und bestimmen die Qualität des Teiges (und somit des zukünftigen Brotes) mittels Fingerspitzen (Konsistenz) und mittels Zunge (Geschmack). Allerdings brauchen Sie nicht zu befürchten, wir würden von Ihnen dasselbe verlangen und uns auf diese Weise geschickt aus der Affäre ziehen.

Das folgende Rezept beschreibt in genauen Schritten, wie ein Sauerteigbrot zu 100% gelingt. Doch irgendwann sollte so ein Rezept der Virtuosität Platz machen. Denn Kochen und Backen haargenau nach Vorlage bedeutet, neuen Entdeckungen keine Chance geben — also Stillstand in der Eßkultur! Seien Sie mutig, backen Sie Ihr eigenes Brot und kommen Sie so in den Genuß immer anderer Geschmacksnuancen. Bis sich das bewußte Fingerspitzengefühl eingestellt hat, verraten wir Ihnen hier ein erprobtes Rezept:

Grundansatz für Sauerteig

1 Tasse Roggenschrot
1 TL gemahlener Kümmel
1 TL Honig
1 TL Molke oder Sauerkrautsaft
sehr warmes Wasser

1. Tag 18.00 Uhr:
600 g Roggen
750 g Wasser, 30°C
1 Grundansatz

1. Tag 22.00 Uhr:
500 g Roggen

500 g Wasser, 30°C

2. Tag 8.00 Uhr:
800 g Roggen
200 g Wasser oder Sauerkrautsaft, 30°C
4 TL Vollmeersalz
je 1 TL Kümmel, Koriander und Fenchel
2 EL Sonnenblumenkerne
Streumehl zum Formen der Brote
Wasser
Streumehl fürs Backblech

Alle Zutaten in einer Schüssel zu einem weichen Brei verrühren. Mit Klarsichtfolie abdecken. In ein warmes Tuch gehüllt 2—3 Tage an einem sehr warmen Platz gären lassen. Der Brei muß eine gute Lockerung zeigen und angenehm säuerlich riechen.

Jetzt geht's los:

Roggen fein mahlen, mit warmem Wasser und Grundansatz in eine große Schüssel (kein Plastik) geben, mit einem Holzlöffel verrühren. Mit Klarsichtfolie (damit die Teigoberfläche nicht abtrocknet) und einem dicken Handtuch (Wärme) zudecken. An einem warmen Ort (notfalls auf einer Wärmflasche) gehen lassen. Bevor Sie schlafen gehen, spätestens aber um 22.00 Uhr wird der Teig wie folgt weitergeführt.

Roggen fein mahlen und mit sehr warmem Wasser zum sogenannten Grundsauer geben. Zudecken wie um 18.00 Uhr, gut warm stellen.

Am 2. Tag als *erstes* vom sogenannten *Vollsauer* (er ist jetzt voll durchgesäuert) ein Honigglas voll fürs nächste Backen wegnehmen, verschließen und ins Gemüsefach des Kühlschranks stellen (4—6 Wochen haltbar).

Roggen nicht ganz fein mahlen, mit Wasser, Salz und Gewürzen zum Vollsauer geben und durchkneten. Sonnenblumenkerne zugeben, 10 Minuten kneten, zugedeckt 2 Stunden gehen lassen.

Nach der Teigruhe kneten Sie den Teig noch einmal durch. Lassen Sie sich von der weichen Konsistenz des Teiges nicht dazu verleiten, mehr Mehl hineinzukneten. Dafür bekommen Sie lockeres, saftiges Brot.

Sie formen 2—3 runde Laibe, lassen Sie zugedeckt ca. 1 Stunde gehen.

Inzwischen heizen Sie das Backrohr auf 250°C vor und stellen ein Schälchen Wasser auf den Boden.

Backbleche mit Mehl bestäuben.

Wenn die Brote eine gute Lockerung zeigen, stürzen Sie sie auf das vorbereitete Backblech.

Bei 250°C ½ Stunde, dann bei 180°C 1—1½ Stunden backen.

Vintschgerl
(kleine, knusprige Fladen aus Roggenmehl)

Streumehl fürs Backblech und zum Formen der Brote
1 kg Roggen
125 g Weizen
5 TL Vollmeersalz

1050 g Wasser, ca. 40 °C warm
30 g Hefe
250 g Sauerteig
Streumehl
1 EL Kümmel

Backblech mit Mehl bestäuben.
Roggen und Weizen fein mahlen, Salz im Mörser zerstoßen. Mehl und Salz mit Wasser, Hefe und Sauerteig 10 Minuten kneten.
Den Teig 1 Nacht zugedeckt an einem warmen Platz gehen lassen.
Wenn der Teig eine gute Lockerung zeigt, noch einmal kurz durchkneten. Mit zwei Eßlöffeln Teighäufchen auf das Backblech setzen, Mehl und Kümmel draufstäuben und mit dem Löffelrücken zu ca. 1 cm flachen Fladen drücken.
Auf dem Backblech 45—60 Minuten zugedeckt gehen lassen.
Bei 250 °C ca. 30 Minuten backen.

Hierzu paßt Deftiges, z. B. Obatzda (S. 121), frischer Rettich und Bier.

Walnußroggenbrot mit Backferment

1. Tag 18.00 Uhr	*400 g Roggen*
	400 g sehr warmes Wasser
1 EL Backferment	*(ca. 50 °C)*
2 EL Grundansatz (Sauer-	
teig, S. 184)	*250 g Roggen*
2 EL lauwarmes Wasser	*200 g sehr warmes Wasser*

Backferment, Sauerteig und Wasser klümpchenfrei verrühren und in eine Schüssel geben, die das dreifache Volumen des Ansatzes leicht fassen kann.

Roggen fein mahlen, mit dem Wasser dazugeben, mit einem Kochlöffel gut verrühren, mit einem sauberen Küchentuch gut abdecken und bis zum nächsten Morgen stehenlassen.

Die ganzen Roggenkörner und Wasser in eine Schüssel geben und über Nacht stehenlassen.

2. Tag 8.00 Uhr	*300 g sehr warmes Wasser*
	3 EL Vollmeersalz
1 EL Kümmel	*2 EL Rohrzuckermelasse*
1 EL Koriander	*200 g Walnußkerne*
1 TL Anis	
1 TL Fenchel	*1 EL Roggen*
600 g Roggen	*1 TL Butter*
200 g Weizen	*1 Tasse Wasser*

Von dem Vollsauer 2 EL in ein Schraubglas geben und in das Gemüsefach des Kühlschrankes stellen als Ansatz fürs nächste Backen (4—6 Wochen haltbar).

Zuerst die Gewürze in der Getreidemühle mahlen, mit Roggen und Weizen nachmahlen, damit sich die Mühle wieder reinigt, mit dem Wasser zum Ansatz des Vortages geben. Auch das eingeweichte Getreide samt Wasser kommt jetzt dazu.

Salz mit dem Mörser zerstoßen und mit der Melasse zum Teig geben, 10 Minuten gleichmäßig und mit Liebe durchkneten, *jetzt wird das Klebereiweiß herausgeholt, das verhindert, daß Ihr Brot kürmelig wird.*

Jetzt erst geben Sie die Walnußkerne dazu, durch zu langes Mitkneten würden sie zu sehr zerkleinert.

Der Brotteig ist sehr weich, das gibt eine schöne Lockerung. Jetzt gut abdecken, warm stellen und mindestens 2 Stunden gehen lassen. Der Teig muß dann um die Hälfte aufgegangen sein.

Roggen mittelfein schroten, 2 Kastenformen mit Butter auspinseln und mit dem Schrot ausstreuen. Den Teig in die Form geben — es ist normal, daß er nicht von Hand zu formen ist — auch oben mit Schrot bestreuen und zugedeckt noch mal 1 Stunde an einem geschützten, warmen Ort gehen lassen. In der Zwischenzeit das Backrohr auf 250°C vorheizen.

Den gut gelockerten Teig einschieben, 1 Tasse Wasser entweder auf den Boden des Backrohres gießen und die Backofentür schnell schließen, oder die Tasse Wasser 10 Minuten dazustellen.
Nach 30 Minuten die Temperatur auf 180°C herunterschalten und noch ca. 1 Stunde ausbacken.

Wenn der Ofen eine zu starke Oberhitze hat und das Brot zu dunkel wird, die letzte halbe Stunde mit Alufolie abdecken. Das Brot ist ausgebacken, wenn bei der Holzstäbchenprobe nichts mehr hängen bleibt.

Salate –
Auftakt zu einem
feinen Essen

Was verbinden selbst Uneingeweihte mit dem Wort Vollwertküche? Richtig, Körner und Salat.
Über die Körner haben wir bereits viel gesprochen — bleiben noch die Salate.
Nahezu alles, was Sie auf dem Markt (oder möglicherweise im eigenen Garten?) an frischen Kräutern, jungem Gemüse und zarten Blättern finden, läßt sich zu einem wohlschmeckenden Salat verarbeiten.
Mit etwas Fantasie und einem Schuß Logik (das ist übrigens äußerst wichtig!), ein bißchen Fingerspitzengefühl und einem feinen Gaumen kriegt man das hin.
Was die Auswahl betrifft: Im Prinzip ist alles denkbar.
Nur zwei Dinge sollten Sie nicht aus den Augen verlieren — zum einen, daß Wurzeln, Blätter, Früchte (von Gemüsen) und Samen gleichermaßen in Ihren Salatkompositionen auftauchen *(Obst, Gemüse und Salate, S. 72 ff.)*; zum anderen, daß Sie diese roh verzehren sollten.
Ansonsten gilt (wie immer) Frische und Qualität als oberstes Gebot. Und daß diese herrlichen Bestandteile trockengetupft oder -geschleudert werden, dürfte ebenfalls keine revolutionäre Neuheit sein, kann aber trotzdem, weil für das Gelingen wichtig, nicht oft genug betont werden.
Noch bevor Sie das alles tun, muß allerdings die Salatsauce zubereitet werden, damit die geputzten und vor-

bereiteten Salate nicht unnötig lange herumstehen und dadurch an Wert verlieren.

Rahmsauce
(Abbildung Seite 192)

1 EL Sonnenblumenöl
4 EL süßer Rahm
1 EL Zitronensaft
1 Msp Blütenhonig
eine Spur sehr feingeriebene Zitronenschale
ein Hauch weißer Pfeffer, nicht sehr fein gemahlen

Alle Zutaten zu einer Sauce verquirlen.

Salatvorschlag

Zarte Kopfsalatblätter kreisförmig auf kalten Tellern anrichten, den nächsten (kleineren) Kreis bilden feingeschnittene Tomatenwürfelchen (mit Schale), in die Mitte feingeraffelte Petersilienwurzel setzen. Alles mit dieser Sauce nicht zu verschwenderisch beträufeln, 1 EL Alfalfa-Sprossen auf die Petersilienwurzeln setzen, 1 TL gezupfte Kerbelblättchen darüberstreuen.

Vinaigrette mit Rotweinessig
(Abbildung Seite 192)

1 Knoblauchzehe
1 EL Rotweinessig (S. 88)
2 EL Sonnenblumenöl
1 EL Gemüsefond
eine Spur schwarzer Pfeffer, grob gemahlen

Ein kleines Schälchen mit Knoblauch ausreiben. Darin alle Zutaten zu einer Sauce verquirlen.

Salatvorschlag

Auf kalten Tellern Friséeblätter (ganz) fächerförmig anordnen; daneben feinste Karottenstreifchen, gemischt mit Apfelstreifen (mit etwas Zitronensaft beträufelt), kleine Gurkenwürfelchen (ungeschält).
Mit der Vinaigrette vorsichtig beträufeln, 1 EL Senfsprossen in die Mitte setzen und alles mit wenig frisch geriebenem Meerrettich überhauchen.
Hier würde sich auch 1 EL kleingezupfte Wildkräuter (Schafgarbe, Spitzwegerich, Brennesselspitzen, wenig Bärlauch usw.) gut einfügen.
Oder:
Rapunzelrosetten mit Zwiebelwürfelchen und schmalen Apfelspalten (mit etwas Zitronensaft beträufelt), Würfelchen von weißem Rettich und Tomaten. Mit grob zerkleinerten Walnüssen und 1 EL gekeimtem Weizen bestreuen.

Eigelbsauce

1 Eigelb
1—2 TL Zitronensaft
1 TL Crème fraîche
2 EL Walnußöl

1 EL Gemüsefond
eine Spur weißer Pfeffer, grob gemahlen

Alle Zutaten zu einer Sauce verquirlen.

Salatvorschlag

Radicchioblätter (mundgerecht gerissen) auf kalten Tellern breit verteilen, darauf sehr feine Spalten vom Rosenkohl, hauchdünne Schwarzwurzelscheiben (gehobelt) und mit wenig Zitronensaft beträufelte schmale Birnenspalten.

Gemischter Salat mit Rahmsauce, Vinaigrette mit ▷
Rotweinessig und Oliven (Rezepte S. 191)

Sauce über den Salat träufeln, mit einer Spur Koriander (im Mörser grob zerstoßen) überhauchen. 1 EL gekeimte Roggenkörner in die Mitte setzen.
Hier würden auch grob zerkleinerte Walnüsse fein schmekken.

Estragonvinaigrette

1 EL Estragonessig
2 EL Sonnenblumenöl
1 Msp Blütenhonig

1 Msp Senf (S. 91)
1 EL Rotwein

Alle Zutaten zu einer Sauce verquirlen.

Salatvorschlag

Endivien (geschnitten) auf kalten Tellern breit verteilen, grüne Paprikawürfelchen und Tomatenwürfelchen (mit Schale) darüberstreuen, einige sehr feingeschnittene Zwiebelringe darauflegen. In die Mitte feingeriebenen schwarzen Rettich setzen, alles mit wenig Sauce überträufeln und mit feingezupften, frischen Estragonblättchen bestreuen.
Dazu 1 EL gekeimte Mungobohnen.

Wacholderrahmsauce

2 EL Sauerkrautsaft
2 EL Sonnenblumenöl
1 EL Sauerrahm
1 Msp Blütenhonig

2—3 Wacholderbeeren,
im Mörser so fein wie
möglich zerkleinert

Alle Zutaten zu einer Sauce verquirlen.

◁ Rote-Rübenlaibchen (Rezept S. 255)

Salatvorschlag

Zuckerhut (Zichorie) in 1½-cm-Streifen geschnitten, breit auf kalten Tellern verteilen, mit Apfelwürfelchen (mit Zitronensaft beträufelt) bestreuen.
Topinambur fein raffeln und mit geschnittenem Sauerkraut vermischt in die Mitte setzen.
Wacholderrahmsauce darüberträufeln und mit gekeimten Sonnenblumenkernen bestreuen.

Tomatenvinaigrette

1 EL Rotweinessig
1 EL Gemüsefond
1 EL Rotwein
1 Msp Honig
5 EL Walnußöl

schwarzer Pfeffer aus der Mühle
½ Marktbund Schnittlauch
1 kleine Fleischtomate

Alle Zutaten zu einer Sauce verquirlen.
Schnittlauch in feinste Röllchen schneiden.
Tomate mit heißem Wasser brühen, häuten, mit einem Eßlöffel Kerne herausnehmen. Tomate in kleine Würfel schneiden und unter die Sauce geben.

Salatvorschlag

Frischen Eichblattsalat auf kalten Tellern kreisförmig anordnen, Gurkenwürfelchen daraufstreuen, in die Mitte feingeraffelte Petersilienwurzel. Sparsam mit der Tomatenvinaigrette beträufeln. Mit Walnußkernen und gekeimter Kresse bestreuen.

Majoranvinaigrette

1 EL Gemüsefond
1 EL Weißweinessig
1 EL Weißwein
1 Msp Honig

5 EL feinstes Sonnen-
blumenöl
½ Marktbund Majoran
½ kleine Zwiebel

Alle Zutaten zu einer Sauce verquirlen.
Majoran waschen, mit einem Küchentuch trocknen, Blättchen abzupfen. Zwiebel schälen, in feinste Würfelchen schneiden und zur Sauce geben.

Salatvorschlag

Chinakohl gewaschen in Streifen schneiden und auf kalten Tellern kreisförmig anrichten. Tomatenscheiben darauflegen und feingeraffelten Rettich in die Mitte geben. Sparsam mit der Majoranvinaigrette beträufeln. Gekeimte Sonnenblumenkerne darüberstreuen.

Heiße Salatsauce für Sauerkraut

1 Zwiebel 5 EL Sonnenblumenöl

Zwiebel schälen, feinste Würfelchen schneiden, in heißem Öl glasig dünsten.
Sauerkraut fein schneiden, in eine vorgewärmte Schüssel geben, mit Zwiebel und Öl gut durchmischen.
Sie geben den vorbereiteten Salat in eine vorgewärmte Schüssel, übergießen ihn mit dem heißen Zwiebelöl, schwenken den noch heißen Topf mit Essig und Honig aus und geben dies über den Salat. So werden die etwas harten Salate zarter und milder.

Varianten:
Anstelle von Sauerkraut nehmen Sie Weißkraut, Blaukraut, Wirsing, Löwenzahnblätter oder Rosenkohl.

Folgender Salat ist zwar weder Rohkost noch wird er am Beginn eines Menüs stehen, doch ist er lecker genug, um z. B. als Hauptgericht (mit Sellerieschnitzel, S. 260) zu einem kleinen Essen serviert zu werden.

Kartoffelsalat

*500 g festkochende Kartoffeln
knapp $1/8$ l Gemüsefond
ca. 3 EL Apfelessig
Kräutersalz nach Zungentest
eine Spur Blütenhonig*

*eine Spur schwarzer Pfeffer aus der Mühle
1 Zwiebel
1—2 EL Öl
3 EL Milch
2 Eigelb
Schnittlauch*

Kartoffeln im Kartoffeldämpfer garen, schälen und in Scheiben schneiden.
Fond erhitzen, Essig, Salz, Pfeffer und Honig hineinmischen, sofort vom Feuer nehmen und die Kartoffelscheiben damit übergießen.
Zwiebel in feinste Würfelchen schneiden, in heißem Öl glasig dünsten und zu den Kartoffeln mischen.
Milch erhitzen, vom Feuer nehmen und mit Eigelb verquirlen. Ebenfalls unter die Kartoffeln mischen.
10 Minuten durchziehen lassen.
Schnittlauch schneiden, untermischen und den Kartoffelsalat noch warm servieren.

Anstelle des Schnittlauchs ist auch frische Brunnenkresse reizvoll.

Suppen

Am Anfang jeder guten Suppe steht der *Fond,* eine Grundbrühe.
So einfach er entsteht, so unentbehrlich ist er für die gute Küche.
Dadurch erübrigen sich weitgehend die handelsüblichen Suppenwürzen mit ihrem Einheitsgeschmack, der eine unerwünschte Gleichheit in allen Gerichten hervorruft.
Unseren Fond also — denn bei uns gibt es nur einen, den Gemüsefond — verwenden wir, wo immer sonst eine Suppenwürze das Wasser aromatisieren würde: In Suppen, zum Aufgießen von Saucen und für die Zubereitung von Getreidegerichten. So ein Fond lohnt sich im doppelten Sinne: erstens in geschmacklicher und zweitens in gesundheitlicher Hinsicht, denn eine aus frischen Gemüsen gekochte Brühe ist basenüberschüssig *(Säuren und Basen, S. 23—28).*
Es gibt also keinen Grund, einen Gemüsefond nicht täglich selbst herzustellen, zumal das denkbar einfach ist.
Im Laufe des Tages sammeln Sie alle Gemüseteile, die zwar gut, aber zu ihrer sonstigen Verwendung zu grob oder faserig sind und auf dem Kompost landen würden, also Wurzelteile von Sellerie und vom Lauch, Anschnitte von Karotten, Zwiebel- und Knoblauchschalen, usw. Diese werden fein säuberlich gewaschen, zerkleinert und in einem großen Topf mit Wasser ohne Deckel ca. 1 Stunde leise geköchelt. Abseihen und schon steht der Fond bereit für das nächste Gericht.

Ein Grundrezept könnte so aussehen:

Grundrezept für Gemüsefond

1 Zwiebel
2 Nelken
2 l Wasser
3 EL kleingeschnittener Lauch
3 EL kleingeschnittener Sellerie
2 EL kleingeschnittene Karotten
1 Handvoll Champignons in Vierteln
Petersilienstengel
1 Lorbeerblatt
1 Tomate in Vierteln

Zwiebel mit der Schale waschen, halbieren und mit der Schnittfläche nach unten *ohne Fett* in einem Suppentopf sehr langsam bei kleinem Feuer bräunen.
Das Aroma wird noch intensiver, wenn Sie in jede Zwiebelhälfte eine Nelke stecken.
Jetzt Wasser darübergießen und die kleingeschnittenen Gemüse hineingeben.
Zum Kochen bringen und auf kleinem Feuer 1 Stunde offen simmern lassen.
Abseihen und die Flüssigkeit bis zum Verwenden kalt stellen.

Selbstverständlich kann variiert werden:

Wollen Sie keine Farbe erzeugen, dann lassen Sie die angebräunte Zwiebel weg;

sollte der Fond weniger süßlich sein, dann schränken Sie die Menge der Karotten ein.

Wenn Sie den Fond als Grundlage für eine Kohlsuppe brauchen, dann könnten Sie einige Wacholderbeeren mitkochen, für eine Rosenkohlsuppe oder eine Rote-Rüben-Suppe einige Korianderkörner usw. ...

Lassen Sie Ihre Fantasie spielen.

Klare Suppen mit Einlage

Klare Gemüsesuppe mit Eierstich

750 g Gemüsefond

Für den Eierstich:
2 Eier
3 EL süßer Rahm

Kräutersalz
Pfeffer aus der Mühle
Muskatnuß
Butter zum Fetten
½ l Wasser

Eier mit Rahm, Kräutersalz, wenig Pfeffer, frischgeriebener Muskatnuß mit einem Schneebesen verschlagen.
Tasse oder Soufflèformchen mit weicher Butter fetten und 15 Minuten kalt stellen.
Wasser in flachem Topf mit Einsatz zum Kochen bringen, Eier und Rahm ins Förmchen gießen und bei 180°C in einem flachen Topf mit Einsatz 20 Minuten stocken lassen.
In Förmchen abkühlen lassen.
Kleine Würfel oder Rauten schneiden oder Blumen ausstechen, in vorgewärmte Suppentassen geben, mit heißem Fond aufgießen und servieren.

Den Eierstich können Sie rot mit etwas Tomatenmark einfärben, oder grün mit wenig Spinat oder Kräutern.

Klare Gemüsesuppe mit Brandteigblümchen

750 g Gemüsefond   *Brandteigblümchen (S. 149)*

Gemüsefond aufkochen.
Brandteigblümchen in die vorgewärmten Suppentassen geben und mit dem heißen Fond aufgießen.

Klare Gemüsesuppe mit Gemüse-Julienne

750 g Gemüsefond
Karotten
Lauch
Sellerie
1 EL Öl

Gemüse putzen, abbürsten, in feinste Streifen schneiden und in heißem Öl glasig andünsten.
Mit etwas Suppenfond aufgießen und zugedeckt 10 Minuten köcheln lassen.
Restlichen Gemüsefond erhitzen, die Gemüse-Julienne dazugeben.
In vorgewärmten Suppentassen servieren.

Aufgeschlagene Kräutersuppen

Kerbelsuppe

750 g Gemüsefond
4 EL süßer Rahm
2 Eigelb
1 Marktbüschel Kerbel

Fond erhitzen.
Kerbel waschen, mit einem Küchentuch trockentupfen, einige Blättchen abzupfen und zum Garnieren zurückbehalten. Den Rest samt Stielen zusammen mit Rahm und Eigelb im Mixer kurz durchschlagen und durch ein Sieb streichen.
Mit dem heißen Fond aufgießen, nochmals mixen, evtl. mit Kräutersalz und Honig abschmecken.
In vorgewärmten Suppentassen servieren.

Varianten:

Sie lassen den Kerbel weg und nehmen statt dessen Petersilie, Dill, Estragon, Kresse oder Sauerampfer.

Eine feine Abrundung mit einigen Tropfen Zitronensaft und wenig Honig bekommt der Suppe gut.

Südtiroler Weinsuppe

½ l Gemüsefond
¼ l Weißwein
¼ Stange Zimt
1 Nelke
1 TL Weizen
Kräutersalz
weißer Pfeffer aus der Mühle

4 Eigelb
4 EL süßer Rahm
2 altbackene Weizensemmeln
2 EL Öl
½ Marktbund Schnittlauch

Fond mit Wein aufkochen.
Gewürze und Weizen mit einem elektrischen Schlagwerk pulverisieren, durch ein feines Sieb in die Suppe geben. Mit Salz und Pfeffer abschmecken.
Eigelb mit Rahm verquirlen und unter Rühren in die Suppe geben. Bis zum Siedepunkt erhitzen, wegstellen.
Semmeln in kleine Würfel schneiden, in heißem Öl leicht anbräunen.
Schnittlauch waschen, mit einem Küchentuch trocknen, in feinste Röllchen schneiden.
Suppe in vorgewärmte Teller geben, mit Brotwürfeln und Schnittlauch bestreut servieren.

Legierte Kopfsalatsuppe

750 g Gemüsefond
1 Lauch
½ Sellerie
1 Karotte
1 Petersilienwurzel
100 g frische oder tiefgekühlte Erbsen

2 Eigelb
4 EL Rahm
½ kleiner Kopfsalat
Kräutersalz
Piment
weißer Pfeffer aus der Mühle

Fond erhitzen.
Gemüse gründlich putzen und unter fließendem Wasser abbürsten. In kleine gleichmäßige Würfel schneiden und im Fond ca. 20 Minuten zugedeckt kochen.
Erbsen dazugeben, 5 Minuten mitkochen.
Eigelb mit Rahm verquirlen und in die Suppe einrühren.
Salat waschen, in grobe Streifen schneiden, in die fertige Suppe geben. Mit Kräutersalz und Pfeffer abschmecken.
In heiße Tassen füllen.

Eventuell mit Knoblauchcroûtons servieren.

Knoblauchcroûtons

½ Knoblauchzehe
1 EL Butter

1 Vollkornsemmel

Eine Pfanne mit Knoblauch ausreiben. Butter darin schmelzen, Semmel in kleine Würfel schneiden und darin anrösten.

Klare Gemüsesuppe

750 g Gemüsefond
1 kleiner Lauch
1 kleine Karotte
¼ Sellerie

1 kleine Zwiebel
2 EL Erbsen
2 EL Öl
1 Marktbund Schnittlauch

Fond erhitzen.
Gemüse putzen, unter fließendem Wasser abbürsten, ungeschält in ½-cm-Würfel schneiden.
Zwiebel schälen, feinste Würfel schneiden und in heißem Öl andünsten, bis es anfängt aromatisch zu duften, mit ¼ des Fonds aufgießen und 10—15 Minuten zugedeckt köcheln lassen.
Mit dem Rest des Fonds aufgießen und in vorgewärmten Suppentassen mit kleingeschnittenem Schnittlauch servieren.

Gemüse-Cremesuppen

Lauchsuppe

750 g Gemüsefond
1 mittlere Stange Lauch
2 Kartoffeln
2 EL Öl

Kräutersalz
2 EL geschlagener süßer Rahm

Fond erhitzen.
Lauch der Länge nach halbieren, unter fließendem Wasser waschen, in feine Ringe schneiden, davon 1 EL Lauchringe zurückbehalten.
Kartoffeln unter fließendem Wasser abbürsten, in kleine Würfel schneiden.

Lauchringe und Kartoffelwürfel in heißem Öl kurz andünsten, mit ¼ des Fonds aufgießen und 10—15 Minuten köcheln lassen.
Durch ein feines Sieb streichen, mit restlicher Brühe aufgießen. Mit Kräutersalz abschmecken.
In vorgewärmte Suppentassen geben, mit Rahmhäubchen und Lauchringen garniert servieren.

Sellerie-Cremesuppe

Zwiebel und Sellerie raffeln, kochen, durch ein Sieb streichen, mit Honig, Zitronensaft und Kräutersalz abschmecken, mit geschlagenem Rahm und Sellerieblättchen servieren.

Tomaten-Cremesuppe

Zwiebeln und Tomaten andünsten, mit wenig Fond kochen (Tomaten ziehen viel Saft), durch ein Sieb streichen, mit Honig, Kräutersalz und Tomatenmark abschmecken. Mit geschlagenem Rahm, Tomatenwürfeln und frischen Majoranblättchen servieren.

Spinat-Cremesuppe

Zwiebel, 1 Kartoffel und Spinat andünsten, kurz aufkochen, durch ein Sieb streichen, mit Kräutersalz, Pfeffer und Muskat abschmecken. Mit geschlagenem Rahm und frischgeriebenem Parmesan bestreut servieren.

Karotten-Cremesuppe

500 g Gemüsefond
2 mittelgroße Zwiebeln
4 mittelgroße Karotten
1 mittelgroße Kartoffel
2 EL Öl
250 g Milch
Kräutersalz

1 Msp scharfer Paprika
1 EL Whisky
1 Msp Honig
2 EL geschlagener süßer Rahm
1 Stiel Petersilie

Fond erhitzen.
Zwiebeln schälen.
Karotten und Kartoffeln unter fließendem Wasser abbürsten. Kartoffeln und 3½ Karotten mit einer groben Raffel aufraffeln und in heißem Öl kurz andünsten.
Mit der Hälfte des Fonds aufgießen und 10 Minuten zugedeckt köcheln lassen.
Durch ein feines Sieb streichen, mit Milch aufgießen, noch einmal aufkochen.
Mit einem Schuß Whisky, Kräutersalz, Honig und Paprika abschmecken.
Von der ½ Karotte 4 dünne Rädchen abschneiden und kleine Blumen oder Herzchen ausstechen.
Mit Sahnehäubchen, 1 Karottenblume und 1 Petersilienblatt garniert servieren.

Kartoffel-Cremesuppe

750 g Gemüsefond
1 Zwiebel
4 Kartoffeln
1 kleine Karotte
½ kleiner Lauch
1 kleines Stück Sellerie
2 EL Öl

2 EL Sauerrahm
1 EL Essig
1 Msp Honig
Kräutersalz
½ Marktbüschel Petersilie

Fond erhitzen.
Zwiebel schälen. Kartoffeln unter fließendem Wasser abbürsten und schälen. Karotte schälen. Lauch und Sellerie mit Wasser abbürsten.
Alle Gemüse in kleine Würfel schneiden und in heißem Öl glasig andünsten, mit der Hälfte des Gemüsefonds aufgießen, 15 Minuten zugedeckt köcheln lassen.
⅓ der Gemüsewürfel mit einem Seihlöffel herausnehmen, in einem Teller zur Seite stellen.
Die Suppe durch ein feines Sieb streichen, den restlichen Fond aufgießen.
Mit Sauerrahm, Essig, Honig und Kräutersalz abschmekken.
Gemüsewürfel dazugeben und mit kleingezupften Petersilienblättchen servieren.

Rosenkohl-Samtsuppe

(Abbildung Seite 241)

250 g Rosenkohl
2 mittelgroße Kartoffeln
1 Zwiebel
350 g Gemüsefond

350 g Milch
Kräutersalz
1 Msp Muskatblüte
⅛ l süßer Rahm

Rosenkohl putzen, waschen, in Scheiben schneiden, 1 EL davon als Garnitur kurz separat in wenig Wasser garen.
Kartoffeln unter fließendem Wasser abbürsten. Zwiebel und Kartoffeln schälen, in Würfel schneiden. Gemüse mit Fond und Milch aufkochen, zudecken und 10 Minuten köcheln lassen. Durch ein feines Sieb streichen.
Mit Kräutersalz und Muskatblüte abschmecken.
Rahm steif schlagen.
In vorgewärmten Suppentellern mit Rahmhäubchen, feinen Rosenkohlscheiben und einem Hauch Muskatblüte servieren.

Getreidesuppen

Hirse-Brennessel-Suppe

750 g Gemüsefond
1 Zwiebel
2 EL Öl
2 Handvoll Brennesselspitzen
1—2 EL Hirse

Fond erhitzen.
Zwiebel schälen, in feinste Würfelchen schneiden, in heißem Öl andünsten.
Brennesseln waschen, mit einem Küchentuch trockentupfen, fein wiegen, zu den Zwiebeln geben und kurz mitdünsten. Mit dem heißen Suppenfond aufgießen.
Hirse mehlfein mahlen, mit einem Teil des Suppenfonds 20 Minuten einweichen, im Mixer mischen (so bilden sich keine Klümpchen), zur Suppe geben und 5 Minuten köcheln lassen.

Buchweizensuppe mit Waldpilzen

(Abbildung Seite 241)

500 g Gemüsefond
1 Zwiebel
2 EL Öl
Steinpilze
30 g Buchweizen

¼ l Sauerrahm
Kräutersalz
Pfeffer aus der Mühle
Thymian

Fond erhitzen.
Zwiebel schälen, in feinste Würfelchen schneiden und in heißem Öl glasig dünsten.
Pilze mit einem Küchentuch sauber abreiben, in Scheiben schneiden. Mit den Zwiebeln kurz anschwitzen. Einige Pilzblättchen zurückbehalten.
Buchweizen im Mörser so vorsichtig stoßen, daß die Körner leicht angebrochen sind. In einer Pfanne ohne Fett anrösten, bis es angenehm aromatisch duftet.
Körner mit Fond aufgießen, 20 Minuten quellen lassen.
Pilze, Sauerrahm, Kräutersalz und Pfeffer dazugeben.
Erhitzen bis kurz vor dem Siedepunkt und mit Thymianblättchen und Pilzscheibchen servieren.

Diese sättigenden Suppen könnten durchaus nach einem leckeren Salat ein eigenständiges Hauptgericht bilden.

Tarator
(bulgarische Gurkensuppe)

4 Tassen Joghurt
2 Tassen Wasser
1 Tasse feinstes Walnußöl
1 Salatgurke
1 Knoblauchzehe (wer Knoblauch liebt, kann gerne mehr nehmen, die Suppe verträgt's!)

Vollmeersalz
schwarzer Pfeffer aus der Mühle
2 EL Walnußkerne

Joghurt in eine Porzellan- oder Tonschüssel geben.
Unter ständigem Schlagen mit einem Schneebesen Wasser und Öl in kleinsten Portionen mit dem Joghurt emulgieren (S. 88).
Gurke waschen, schälen, mit einem Eßlöffel die Kerne herausschaben. Gurke in sehr, sehr kleine Würfelchen schneiden, in die Suppe geben.
Knoblauchzehe schälen, in Scheiben schneiden, mit Salz im Mörser fein-breiig drücken, in die Suppe geben und mit Pfeffer abschmecken.
Tarator mindestens 1 Stunde kühl stellen, mit zerdrückten Walnußkernen servieren.

Vorspeisen und Zwischengerichte

Gemüsesülzchen

200 g Karotten
4 Stangen Spargel
½ l Gemüsefond
4 EL Erbsen
Weißwein

Kräutersalz
Pfeffer aus der Mühle
Muskatnuß
2 gestrichene TL Agar-Agar

Karotten unter fließendem Wasser abbürsten, in kleine Würfel schneiden. Spargel waschen, schälen, in 2 cm lange Stücke schneiden. Im Gemüsefond den Spargel 10 Minuten, Karotten 5 Minuten und Erbsen 3 Minuten kochen. Gemüse herausnehmen, abtropfen lassen.
4 Glasschälchen mit kaltem Wasser ausschwenken.
Gemüsefond mit Weißwein wieder auf ½ l Gesamtflüssigkeit ergänzen. Mit Kräutersalz, Pfeffer aus der Mühle und frischer Muskatnuß abschmecken.
Agar-Agar mit einem Teil der Flüssigkeit klümpchenfrei anrühren. In den Fond mit einem Schneebesen einrühren, unter ständigem Rühren aufkochen lassen.
Die Glasschälchen mit einem Teil des heißen Fonds ausschwenken, 1 Minute erkalten lassen. Gemüse einfüllen, den Rest der noch heißen Flüssigkeit eingießen. 3 bis 4 Stunden kühl stellen.
Mit einem Messerchen am Rand lösen, auf ein Salatblatt stürzen.

Den Wein können Sie durch Gemüsefond und 1 TL Zitronensaft ersetzen.

Türkische Auberginen

4 kleine Auberginen
4 kleine Zwiebeln
2 EL Olivenöl
2 TL Kräutersalz
weißer Pfeffer aus der Mühle
3 EL Olivenöl

2 große Zwiebeln
2 Fleischtomaten
1 EL Tomatenmark
Kräutersalz
Pfeffer aus der Mühle
½ TL Honig

Auberginen waschen, Blütenansatz entfernen und längsseitig 5mal tief einschneiden. Zwiebeln schälen, feinste Würfelchen schneiden, mit Öl, Salz und Pfeffer mischen.
Zwiebelwürfel mit einem Teelöffel in die Einschnitte füllen.
Zwiebeln schälen, in 2 cm große Würfel schneiden und in heißem Olivenöl glasig andünsten. Tomaten mit heißem Wasser brühen, Haut abziehen, in Stücke schneiden, zu den Zwiebeln geben, mit Tomatenmark, Salz, Pfeffer und Honig abschmecken.
Die Auberginen zu den Zwiebeln und Tomaten geben und zugedeckt 30 Minuten schmurgeln lassen.
Auf Zimmertemperatur abkühlen lassen, mit warmem Toastbrot servieren.

Soufflé mit Brennesselspitzen

4 Scheiben Toastbrot
(S. 166)
1/8 l Weißwein (oder Rahm mit Zitronensaft)
2 EL Öl
1 Zwiebel
400 g Brennesselspitzen
1/2 Zitrone
Kräutersalz
Pfeffer aus der Mühle
Muskatnuß
3 Eigelb
3 Eiweiß
Butter

Toastbrot zerbröckeln, in Wein einweichen.
Zwiebel schälen, feinste Würfelchen schneiden, in heißem Öl anschwitzen.
Brenneseln waschen, mit einem Küchentuch trocknen, die Blättchen abzupfen und mit den Zwiebeln und einigen Tropfen Zitronensaft andünsten. Toastbrot dazugeben, mit Kräutersalz, Pfeffer und frischgeriebener Muskatnuß fein abschmecken. Topf von der Feuerstelle nehmen, Eigelb unterrühren.
Backrohr auf 180 °C vorheizen.
Eiweiß steif schlagen, locker unter die Teigmasse heben.
4 Soufflé-Förmchen mit weicher Butter ausstreichen, die Soufflémasse hineinfüllen.
Bei 180 °C ca. 20—25 Minuten backen und sofort servieren.

Broccoliterrine

(Abbildung Seite 129)

Broccoli
¼ l Gemüsefond
½ Zitrone
1 TL Vollmeersalz
¼ l süßer Rahm
Kräutersalz

Muskatnuß
2 TL Agar-Agar
4 große Wirsingblätter
1 Kasten- oder Terrinenform
2 Eiweiß

Strunk schälen, Broccoli in Gemüsefond mit Zitronensaft und Salz halbweich kochen und evtl. zerteilen.
Gemüsefond mit Rahm, Kräutersalz, frischgeriebener Muskatnuß würzen.
Agar-Agar klümpchenfrei mit Wasser anrühren, mit dem Rahmwasser aufkochen.
Wirsingblätter blanchieren, eine Kastenform damit ausschlagen, dabei die Blätter überlappen lassen, damit die Füllung damit geschlossen werden kann.
Eiweiß steif schlagen, mit der Flüssigkeit mischen. Den Broccoli in die Form geben, Rahmmasse darübergießen, mit den Blättern verschließen, kühl stellen.
Mit Milch- und Honigbrot (S. 169) servieren.

Lauwarmer Zitronensellerie

1 kleine Sellerieknolle
1 Zitrone
⅛ l Walnuß- oder Sonnenblumenöl
Kräutersalz
weißer Pfeffer aus der Mühle
4 Scheiben Sonntagsfrühstücksbrot (S. 170)
Butter
zarte Sellerieblätter

Sellerieherzblätter zurückbehalten, wenn vorhanden. Sellerie unter fließendem Wasser abbürsten, vierteilen und in ½-cm-Scheiben schneiden.
Zitrone hauchdünn schälen und in feinste Würfel schneiden. Zitrone ausdrücken, mit dem Öl erhitzen, und die Selleriescheiben 10 Minuten zugedeckt und 10 Minuten ohne Deckel bei milder Wärmezufuhr garen. Mit Salz und Pfeffer würzen.
10 Minuten abkühlen lassen.
Auf vorgewärmten Tellern, mit Zitronenschalenwürfelchen bestreut, anrichten.

Dazu servieren Sie Sonntagsfrühstücksbrot, leicht geröstet, mit Butter bestrichen und Sellerieblätter gewaschen, mit einem Küchentuch getrocknet, kleingezupft und auf das Brot gelegt.

Flan mit frischen oder getrockneten Butterpilzen

250 g frische Butterpilze
oder 100 g getrocknete
Pilze
1 Zwiebel
3 EL Öl
3 Eier
100 g Rahm
100 g Milch
Kräutersalz
Pfeffer aus der Mühle
Muskatnuß
½ Marktbund Thymian
oder Petersilie
Butter
Löwenzahnblätter oder
Eichblattsalat
4 EL Tomaten-Vinaigrette
(S. 194)

Frische Pilze putzen, mit einem Küchentuch abreiben, blättrig schneiden. *Wenn Sie getrocknete Pilze verwenden, müssen diese 1 Stunde vorher eingeweicht werden, anschließend in Streifen schneiden.*
Zwiebel schälen, feinste Würfelchen schneiden, in heißem Öl glasig andünsten, Pilze dazugeben und kurz anbraten.
Eier, Rahm, Milch, Kräutersalz, Pfeffer und frischgeriebene Muskatnuß mit einem Schneebesen verschlagen.
Thymian oder Petersilie waschen, mit einem Küchentuch trocknen und die Blättchen abzupfen, zur Eiermilch geben, mit den Pilzen mischen.
Backrohr auf 160°C vorheizen. Fettauffangwanne mit heißem Wasser füllen und ins Rohr schieben.
4 Soufflé-Förmchen mit weicher Butter ausstreichen. Eier-Pilzmasse in die vorbereiteten Förmchen füllen und ca. 45—60 Minuten bei 160°C im Wasserbad garen.
Der Flan ist gar, wenn sich die Oberfläche leicht wölbt und den Fingerdruck federnd erwidert.
Den Flan mit einem Messerchen am Rand leicht lösen. Auf Tellern Salatblätter anrichten, Vinaigrette darüber verteilen, Flan daraufstürzen.

Variante:

Mit pürierten Karotten

Statt der Butterpilze gedämpfte, pürierte Karotten untermengen. Thymian weglassen.
Servieren auf Kopfsalatblättern.

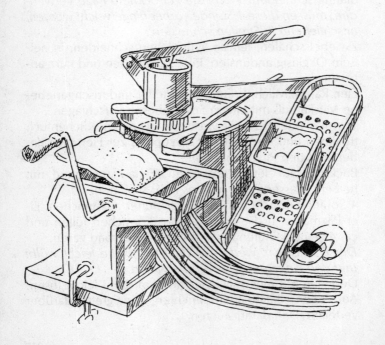

Nudeln, Strudel, Spätzle

Grundrezept für Nudeln
(Abbildung Seite 288)

400 g Weizen	4—5 EL feinstes Olivenöl
4 Eier	1 TL Vollmeersalz

Weizen sehr fein mahlen und mit Eiern, Öl und im Mörser zerstoßenem Salz zu einem glatten Teig verkneten. In Klarsichtfolie einschlagen und 1—2 Stunden ruhen lassen. Den Teig auf gut bemehlter Arbeitsfläche sehr dünn ausrollen, 30 Minuten antrocknen lassen. Teigplatte locker aufrollen und jetzt je nach Verwendung 0,5 bis 1,5 cm breite Nudeln schneiden.

Wir haben eine Nudelmaschine — und schneiden unsere schönsten Nudeln doch mit der Hand. Dabei darf man ihnen die Handarbeit ruhig ansehen — in dieser Zeit der Perfektion ist dies geradezu ein Gütezeichen. Nur eines dürfen die Nudeln nicht sein: dick. Deshalb ist der Teig so dünn als möglich auszurollen. Sie könnten, um ein besonders zartes Ergebnis zu erzielen, sogar ausnahmsweise das Mehl für die Nudeln aussieben.

Die Nudeln werden in kochendem Salzwasser mit einem Schuß Öl ca. 5—6 Minuten al dente gekocht. Aber denken Sie daran: weich mit ein bißchen Biß — nicht halb roh — sind wirklich gute Nudeln.

Diese selbstgemachten Vollkornnudeln sind ein Gedicht und verlangen wenig Begleitung.

So können sie serviert werden:

In Butter geschwenkt, mit Kräutersalz und Pfeffer aus der Mühle gewürzt und mit frischgeriebenem Parmesan bestreut.
Oder lassen Sie frische Salbeiblätter, Kräutersalz und Pfeffer in geschmolzener Butter kurz anziehen und fügen die Nudeln zu.

Apart schmecken Nudeln mit einer Olivensauce.

Nudeln mit Sommergemüse und Parmesansauce

1 Grundrezept Nudelteig
100 g Blumenkohl
100 g junge Erbsen (vielleicht bekommen Sie sogar Zuckerschoten)
100 g Champignons
1 EL Öl
200 g Tomaten
2 EL Butter
Kräutersalz und Pfeffer aus der Mühle

Blumenkohl und Erbsen waschen, blanchieren.
Champignons mit einem Küchentuch abreiben, blättrig schneiden, in heißem Öl kurz anschwitzen.
Tomaten brühen, häuten, mit einem Löffel die Kerne herausnehmen. Tomatenfleisch in kleine Würfel schneiden.
Butter schmelzen, Gemüse und Nudeln darin schwenken. Mit Salz und Pfeffer würzen.

Dazu reichen Sie eine Parmesan-Rahm-Sauce (S. 275).

Lasagne

1 Grundrezept Nudel-
teig
2 l Wasser
1 TL Salz
1 EL Öl
1 EL Olivenöl
1 Rezept würziger
Tomatensauce (S. 271)

Basilikumblätter in
Olivenöl eingelegt (S. 87)
Oregano
1 Rezept Béchamelsauce
(S. 272), etwas stärker eindicken als normal
2 Mozzarella
100 g Parmesan

Teig auf bemehlter Arbeitsfläche sehr dünn ausrollen.
Rechtecke von ca. 10×8 cm schneiden.
Die Teigflecke im kochenden Salzwasser mit Öl 2—3 Minuten garen.
Mit einem Schaumlöffel herausnehmen, in einem Sieb mit kaltem Wasser abschrecken und gut abtropfen lassen.
Eine Reine mit Olivenöl auspinseln, den Boden mit einer Schicht Nudeln auslegen.
Eine sparsame Schicht Tomatensauce, Basilikumblätter, Oregano, eine sparsame Schicht Béchamel, Parmesan und in dünne Scheiben geschnittener Mozzarella: dieses so oft wiederholen, bis alles aufgebraucht ist.
Auf die oberste Schicht etwas Olivenöl träufeln.
Bei 180°C 30 Minuten im Ofen backen.

Ravioli

1 Grundrezept Nudelteig
300 g Spinat
½ Knoblauchzehe
3 EL Öl
1 Zwiebel
1 Marktbüschel Basilikum
2 EL Crème fraîche
1 Mozzarella

Kräutersalz
schwarzer Pfeffer aus der Mühle
1 Eiweiß
2 l Wasser
1 TL Vollmeersalz
1 EL Öl

Teig auf bemehlter Arbeitsfläche sehr dünn ausrollen. Quadrate von 7 × 7 cm schneiden.
Spinat waschen, mit einem Küchentuch trockentupfen, eine Pfanne mit der halben Knoblauchzehe ausreiben, Öl darin heißmachen, in der Zwischenzeit Zwiebel schälen, in feinste Würfelchen schneiden, im heißen Öl glasig werden lassen.
Basilikum abzupfen, mit dem Spinat zu den Zwiebeln geben, Spinat 2—3 Minuten mitdünsten.
Mozzarella klein zerbröckeln, mit Crème fraîche, Kräutersalz und Pfeffer zum Spinat geben, gut durchmischen.

Die Füllung muß sehr pikant schmecken.
Mit einem Teelöffel kleine Portionen auf die Teigfleckchen setzen.
Eiweiß mit einem Schneebesen leicht anschlagen, die Teigränder damit bestreichen. Mit einem 2. Teigfleck abdecken. Ränder gut mit den Fingern andrücken.
Wasser, Salz und Öl aufkochen, Ravioli einmal vorsichtig aufkochen, 3—4 Minuten ziehen lassen.

In einem Südtiroler Landgasthof bekamen wir die Ravioli mit zwei verschiedenen Saucen serviert — und siehe da, das ergab ausnahmsweise einmal kein verwirrendes Ge-

schmacksgewitter, sondern eine überraschende Harmonie!
In dieser Form eignen sich die kleinen gefüllten Täschchen durchaus, ein eigenständiges Hauptgericht zu bilden.
Ausgesprochen delikat schmecken sie auch mit geschmolzenen Tomatenwürfelchen, begleitet von einer samtigen Parmesansauce (S. 275).
Zu einer delikaten Vorspeise werden sie, wenn Sie sie ohne viel Drumherum ganz schlicht nur mit geschmolzener Butter und geriebenem Parmesan servieren.

Südtiroler Schlutzkrapfen
(Abbildung Seite 288)

Grundrezept Nudelteig

Für die Füllung:
200 g Topfen oder Quark
100 g Spinat
1 Zwiebel
1 EL Öl
¼ Knoblauchzehe
Kräutersalz
weißer Pfeffer aus der Mühle
Muskatnuß
50 g Parmesan
2 l Wasser
1 TL Vollmeersalz
1 EL Öl
1 Eiweiß
125 g Butter
1 Bund Schnittlauch

Wenn Sie Quark nehmen, drücken Sie ihn mit einem Küchentuch trocken. Spinat blanchieren, ausdrücken, klein schneiden. Zwiebel schälen und feinste Würfelchen schneiden, im heißen Öl glasig andünsten.
Knoblauch und Salz mit einem Messer zerdrücken, Parmesan fein reiben. Mit einem Holzlöffel alle Zutaten verrühren.

Wasser, Salz und Öl zum Kochen bringen.
Den Nudelteig auf einer bemehlten Arbeitsfläche dünn ausrollen. Mit einem Wasserglas runde Scheiben ausstechen, dabei den Glasrand immer wieder in Mehl eintauchen. Mit einem Teelöffel kleine Häufchen der Quarkfüllung in die Mitte der Scheiben setzen.
Eiweiß mit dem Schneebesen leicht anschlagen und die Teigränder damit bestreichen. Zu Halbmonden zusammenklappen, Ränder mit den Fingern fest andrücken.
Die Schlutzkrapfen im Salzwasser einmal aufkochen, 5 Minuten ziehen lassen.
Butter zerlaufen lassen, Schnittlauch in kleine Röllchen schneiden.
Auf einer heißen Platte mit Butter und Schnittlauch anrichten.

Grundrezept für Strudelteig

300 g Weizen
1 Msp Vollmeersalz
knapp $1/8$ l lauwarmes Wasser

2—3 EL Öl
1 EL Apfelessig
1 EL Öl

Weizen sehr fein mahlen und aussieben. Die Kleie streuen wir zur Füllung.
Salz im Mörser zerstoßen, mit den anderen Zutaten nach und nach zum Weizen geben.
Mit den Händen einen glatten, aber zähen Teig kneten, eine Kugel formen.
Mit Öl den Teig bepinseln und unter einer warmen Schüssel 1 Stunde ruhen lassen.

Apfelstrudel

Butter für die Backform
125 g Butter
Streumehl
4 EL saurer Rahm
750 g säuerliche Äpfel
1 Zitrone
1 Stange Zimt
1 EL Weizen
50 g Haselnüsse
1 EL Honig
1 EL Sesam

Backrohr auf 250°C vorheizen.
Backform mit Butter ausstreichen.
Butter in einem kleinen Pfännchen schmelzen.
Ein Küchentuch gut mit Mehl bestäuben. Den Teig durch 4 teilen. Aus einem Teigstück 1 Strudel sehr dünn darauf ausrollen.
Mit einem Pinsel 1 EL Rahm daraufstreichen.
Äpfel waschen, das Kerngehäuse herausnehmen, mit der Schale grob raffeln. Mit Zitronensaft beträufeln.
Zimt und Weizen in einem elektrischen Schlagwerk pulverisieren. Nüsse fein mahlen.
¼ der Äpfel, Zimt und Nüsse auf dem Strudel verteilen, den Honig darüberträufeln und mit dem Tuch eng aufrollen. Mit Hilfe des Tuches in die Backform gleiten lassen, mit der geschmolzenen Butter bepinseln und mit ¼ des Sesams bestreuen.
Aus den restlichen Zutaten noch 3 Strudel formen.
Bei 250°C 30 Minuten backen.

Diese süße Mehlspeise schmeckt noch köstlicher, wenn sie von einer heißen Vanillesauce (S. 273) begleitet wird.

Süße Varianten:

Sie füllen den Strudel mit:
Zwetschgen, Zimt und Walnüssen.

Aprikosen, Vanille und Pinienkernen.
Grob geraffeltem Kürbis, Rum und Haselnüssen.
Rhabarber, Vanille und Mandeln.

Topfenstrudel

Strudelteig

Für die Füllung:
100 g Milch
2 altbackene Weizensemmeln
100 g Butter
100 g Honig

2 Eigelb
250 g Quark
½ Vanillestange
1 TL Weizen
1 Msp Vollmeersalz
4 Eiweiß
4 EL Milch

Milch erwärmen, Semmeln in Scheiben schneiden und damit übergießen.
Butter schaumig rühren und mit Honig und Eigelb cremig rühren.
Quark mit einem Küchentuch gut ausdrücken, nach und nach zu der Schaummasse geben.
Vanillestange mit Weizen im elektrischen Schlagwerk pulverisieren, zu der Füllung geben.
Eiweiß mit Salz sehr steif schlagen.
Eingeweichte Semmeln ausdrücken und alle Zutaten locker unterheben. In die Strudel füllen.
Die Strudel mit Milch bestreichen.

Herzhafte Strudelvarianten:

Bohnenstrudel

750 g junge Bohnen
Bohnenkraut
4 EL Crème fraîche
400 g Schafskäse
1 Knoblauchzehe

8 EL Olivenöl
Kräutersalz
Pfeffer
4 Tomaten
4 EL Olivenöl

Bohnen kurz blanchieren, in 4—5 cm lange Stücke schneiden, vom Bohnenkraut die Blätter abzupfen.
Die Strudel innen mit Crème fraîche bestreichen, Bohnen darauf verteilen, mit Bohnenkraut bestreuen. Schafskäse zerbröckeln, auf die Bohnen geben. Knoblauch zerdrücken, mit Olivenöl, Salz und Pfeffer in einem Schüsselchen verrühren. Tomaten mit heißem Wasser brühen, Kerne mit einem Löffel herausnehmen. Tomatenfleisch in kleine Würfel schneiden und über die Bohnen geben.
Öl über die Bohnen und Tomaten träufeln, mit Hilfe des Tuches aufrollen, und in die Backform gleiten lassen.
Mit dem Öl die Strudel bestreichen.

Mit würziger Tomatensauce (S. 271) servieren.

Broccolistrudel

Für die Füllung: Strudel mit Crème fraîche bestreichen, 750 g Broccoli in sehr kleinen Röschen, Kräutersalz und Pfeffer, 100 g Mandeln in Scheiben geschnitten und 400 g Frischkäse.
Dazu Rotweinsauce (S. 276).

Weißkrautstrudel

Für die Füllung: Strudel mit reichlich Butter gedämpften Zwiebeln bestreichen, blanchiertes, sehr klein geschnittenes Weißkraut, Kräutersalz und Pfeffer.
Dazu reichen Sie Kümmel-Rahm-Sauce (S. 275).

Sauerkrautstrudel

Für die Füllung: Strudel mit geschmolzener Butter bestreichen, mit in Weißwein gedämpftem, kleingeschnittenem Sauerkraut füllen und mit geschmolzener Butter servieren.

Grundrezept für Spätzle

(Abbildung Seite 289)

*400 g Roggen oder
Weizen
4 Eier
1 TL Kräutersalz*

*150—200 g Wasser (Sie
können ohne weiteres
auch Milch nehmen)
2 l Wasser
1 TL Vollmeersalz*

Getreide sehr fein mahlen, Eier, Kräutersalz und soviel Wasser (oder Milch) zugeben, daß ein glatter Teig entsteht.
Mit einem Küchentuch zugedeckt 30 Minuten quellen lassen.
Wasser mit Salz zum Kochen bringen, den Teig mit einem Spätzlesieb portionsweise ins kochende Wasser schaben. Wenn die Spätzle aufsteigen, noch 2—3 Minuten ziehen lassen.

Die Spätzle herausnehmen, in einem Sieb mit kaltem Wasser abschrecken.

Schwäbische Spätzle

1 Grundrezept Spätzle
100 g Emmentaler
300 g Zwiebeln
100 g Butter

Kräutersalz
schwarzer Pfeffer aus der Mühle

Käse fein reiben, Zwiebeln schälen, dünne Ringe schneiden und in Butter (ausnahmsweise) 5 Minuten goldgelb dünsten. Die Spätzle darin schwenken, mit Kräutersalz und Pfeffer herzhaft abschmecken.
In einer vorgewärmten Schüssel mit Käse bestreut servieren.

Dazu paßt vorzüglich frischer, grüner Salat.

Varianten:

Kümmelspätzle
Sie geben in den Spätzleteig grobgemahlenen Kümmel. Die fertigen Spätzle servieren Sie mit Achteln von gedämpftem Weißkraut und geschmolzener Butter.

Spinatspätzle
Sie reduzieren die Flüssigkeitsmenge sehr und ergänzen sie mit blanchiertem, gemixtem Spinat in Butter geschwenkt und mit Parmesan bestreut.

Roggenspätzle
Haben Sie schon einmal daran gedacht, anstelle des Weizens Roggen zu nehmen? Dazu schmecken in feinste

Streifen geschnittene Gemüse wie z. B. Karotten, Lauch, Sellerie und Champignonscheiben, in wenig Öl und Wasser gegart, gewürzt mit einer Spur Blütenhonig, zurückhaltend Sojasauce, Kräutersalz und Pfeffer aus der Mühle. Auch gedämpften Wirsing, fein-streifig geschnitten, können Sie hinzufügen.

Lecker sind Roggenspätzle auch mit Apfelsauerkraut (S. 267).

Getreide und Kartoffeln – die Hauptdarsteller

Grundrezept für Grünkern

250 g Grünkern   *½ l Wasser*

Pikant: 1 EL sehr kleingeschnittenes Suppengemüse (wie Karotten, Sellerie, Lauch, Zwiebel). Als Ergänzung eventuell 1 Lorbeerblatt, Liebstöckel, Knoblauch ...
Süß: 1 Zacken Sternanis, Zimtrinde, 2 Nelken.

Grünkern fein oder grob mahlen, mit Wasser und den gewünschten Geschmackszutaten aufkochen, dabei mit einem Holzlöffel umrühren, damit das Getreide nicht anlegt.
20 Minuten auf der ausgeschalteten Herdplatte ausquellen lassen.

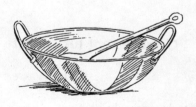

Grünkernknödel

250 g Grünkern
¼ l Wasser
½ l Milch
1 Zwiebel
2—3 EL Öl
2 Semmeln

2 Eier
Kräutersalz
Petersilie
2 l Wasser
1 TL Vollmeersalz

Grünkern mittelfein schroten, mit heißer Wassermilch in einem Topf langsam aufkochen. Dabei mit einem Holzlöffel ständig umrühren, *Grünkern legt leicht an!*
20 Minuten quellen lassen.
In der Zwischenzeit Zwiebel schälen, feinste Würfelchen in heißem Öl glasig dünsten. Semmeln in kleine Würfel schneiden und mit den Zwiebeln anrösten.
Mit Eiern zum Grünkern geben, mit Kräutersalz und Petersilie würzen.
Wasser und Salz kochen, mit nassen Händen golfballgroße Knödel formen. Ins kochende Wasser geben. Wenn die Knödel aufsteigen, noch 8—10 Minuten ziehen lassen.

Dazu passen eine feine Zitronenrahmsauce (S. 274) mit 2 EL Kapern und grüne Butterbohnen.

Grundrezept für Dinkel

250 g Dinkel   *300 g Wasser*

Pikant: Rosmarin oder Majoran.
Süß: 1 aufgeschnittene Vanilleschote oder Zimtrinde.

Dinkel fein oder grob mahlen, mit Wasser und den gewünschten Geschmackszutaten aufkochen und 20 Minuten in der Nachwärme ausquellen lassen.

Dinkel-Nuß-Laibchen

250 g Dinkel
300 g Gemüsefond
1 Zweig frischer Rosmarin
2 EL Butter
Kräutersalz

$1/8$—$1/4$ l süßer Rahm
1 EL Butter
200 g Roquefort
100 g Haselnüsse

Dinkel mittelgrob schroten, mit Fond aufgießen und unter ständigem Rühren mit dem Holzlöffel aufkochen. Herdplatte ausschalten und in der Nachwärme zugedeckt 20 Minuten ausquellen lassen.
Rosmarin abzupfen und in geschmolzener Butter und Kräutersalz anziehen lassen, bis er anfängt, angenehm zu duften. Rosmarin zum Dinkel geben, mit Kräutersalz abschmecken, abkühlen lassen.
Rahm steif schlagen und unter die Dinkelmasse heben. Mit nassen Händen kleine Laibchen formen, auf einem gebutterten Backblech bei 180°C 10 Minuten backen.
Mit einer Backschaufel umdrehen.
Käse in Scheiben schneiden, je eine davon auf jedes Laibchen legen. Haselnüsse in Scheiben schneiden, über den Käse streuen.
Im Backrohr 5—10 Minuten goldgelb werden lassen.

Servieren Sie die Laibchen mit rohgerührtem Preiselbeermus (Rohgerührte Marmeladen S. 122). Vorzüglich paßt dazu Wildgemüse oder Mangold in Rahmsauce (S. 274).

Grundrezept für Reis

Wir nehmen für Reisgerichte, ob pikant oder süß, Rundkornreis von Lima- oder Demeter-Qualität.
Wenn Sie den Reis, genau wie wir körnig und trocken lieben, so ist die Zubereitung ca. gleichviel Reis wie Wasser (so kochen die Japaner ihren Reis) für Sie richtig.

1 Zwiebel
3 EL Öl
2 Tassen Rundkornreis
2 Tassen Wasser
1 Lorbeerblatt

1 Tasse Weißwein oder Wasser
Vollmeersalz
1 EL Butter

Zwiebel schälen, in feinste Würfelchen schneiden und in heißem Öl glasig andünsten.
Reis dazugeben, kurz glasig andünsten, wenn er anfängt, angenehm aromatisch zu duften, dann gießen Sie 2 Tassen Wasser dazu.
Sie haben richtig gelesen, Wasser und nicht Gemüsefond. Der einmalig klare Geschmack des Reises sollte unverfälscht erhalten bleiben. Was allerdings die strenge Linie des Reises unterstreicht, ist ein Lorbeerblatt, das Sie mitziehen lassen.
Den Reis langsam zum Kochen bringen. 30 Minuten zugedeckt bei kleiner Flamme quellen lassen.
Jetzt nach 30 Minuten, kontrollieren Sie, ob die Flüssigkeitsmenge noch reicht.
Wenn schon alles aufgebraucht ist, so gießen Sie jetzt Weißwein (paßt auch bei einer süßen Variante) dazu.
Keine Angst, der Alkohol verfliegt, nur das feine Weinaroma bleibt. Der Reisgeschmack erfährt so eine dezente Steigerung. Sie können aber anstelle von Wein Wasser nehmen.
Lassen Sie jetzt den Reis noch 5 Minuten zugedeckt kö-

cheln. Die letzten 10 Minuten nehmen Sie den Deckel ab, lassen den Rest an Feuchtigkeit so verdampfen.
Salz im Mörser zerstoßen, nach Zungentest zum Reis geben, Butter unterziehen und das Lorbeerblatt herausnehmen.

Tomatenreis

1 Grundrezept Reis
1 Marktbüschel Basilikum
Butter für eine Auflaufform
4 kleine Fleischtomaten
Kräutersalz

Pfeffer aus der Mühle
1 EL Parmesan
1 EL Vollkornbrösel
1 EL Butter

Backrohr auf 180°C vorheizen.
Basilikum waschen, mit einem Küchentuch trockentupfen, Blättchen klein zupfen und unter den Reis heben.
Form mit weicher Butter ausstreichen, Reis in die Auflaufform füllen.
Tomaten waschen, längs halbieren, mit der Schnittfläche nach oben in den Reis drücken. Mit Kräutersalz und Pfeffer bestreuen.
Parmesan mit Brösel mischen, auf die Tomaten geben, Butterflocken daraufsetzen.
Bei 180°C 10—15 Minuten überbacken.

Spinatreis

1 Grundrezept Reis
½ Knoblauchzehe
1 Zwiebel
2 EL Öl
500 g Spinat
Kräutersalz
schwarzer Pfeffer aus der Mühle
1 EL Walnußkerne
1 EL Butter

Einen Topf mit ½ Knoblauchzehe ausreiben, Zwiebel schälen, fein schneiden und in heißem Öl glasig dünsten.
Spinat waschen, trockentupfen, Stiele abschneiden und zu den Zwiebeln geben.
Spinat 2—3 Minuten unter Wenden zusammenfallen lassen.
Mit Salz und Pfeffer aus der Mühle abschmecken.
Walnußkerne mit der Hand zerbröckeln und mit dem Spinat unter den Reis heben.
Butterflocken auf den Reis geben, in einer vorgewärmten Schale zu geschmolzenen Tomaten (S. 266) servieren.

Variante:

Sie lassen die Walnußkerne weg und geben den Spinatreis in eine gebutterte Auflaufform. Drücken Sie mit dem Rücken eines Eßlöffels pro Person eine Vertiefung in den Reis. In jede Vertiefung lassen Sie ein aufgeschlagenes, frisches Hühnerei gleiten. Zwischen die Eier bröckeln Sie Mozzarella.
Mit Butter bestreut ca. 15 Minuten bei 150°C im Rohr stocken lassen.

Grundrezept für Wildreis

1 Tasse Wasser
1 Tasse Wildreis
1 Tasse Weißwein

1 EL Butter
Kräutersalz
Pfeffer aus der Mühle

Wasser aufkochen, damit den Reis übergießen, 1 Stunde einweichen.
Den so vorbereiteten Reis mit Wein und Butter ca. 40 bis 50 Minuten leise köcheln lassen.
Mit Kräutersalz und Pfeffer nach Zungentest würzen, eventuell noch mal Butter zufügen.

Servieren Sie dazu Schwarzwurzeln in einer Rahmsauce (S. 266).

Orangen-Wildreis

1 Rezept Wildreis
1 Orange

1 TL Pistazien

Sie ersetzen den Weißwein durch den Saft von 1 Orange.
Orange schälen und Schale in feinste Streifen schneiden.

Dazu Spargel mit geschmolzener Butter oder Zitronenrahmsauce (S. 274) oder Broccoli mit Orangensauce (Seite 275).

Grundrezept für Gerste

250 g Gerste   ½ l Wasser

Herzhaft: 1 EL kleingeschnittenes Suppengemüse (wie Karotte, Sellerie, Lauch, Zwiebel). Als Ergänzung eventuell 1 Lorbeerblatt, Liebstöckel, Thymian.
Süß: Ingwerwurzel, Zimtrinde, Nelken oder Vanilleschote.

Gerste fein oder grob mahlen, mit Wasser und den gewünschten Geschmackszutaten aufkochen, dabei mit einem Holzlöffel umrühren, damit das Getreide nicht anlegt.
20 Minuten in der Nachwärme ausquellen lassen.

Mit Gerste gefüllte Mangoldrollen

750 g Gemüsefond
150 g Gerstenkörner
12 große Mangoldblätter
100 g Gerste
1 Zwiebel
2 EL Öl
2 EL getrocknete Butterpilze
1 Marktbüschel Thymian
(oder 1 EL getrocknet)
Kräutersalz
Pfeffer aus der Mühle
2 Eier
1 EL Butter

Gerstenkörner am Vorabend in Gemüsefond einweichen.
Mangold waschen und blanchieren.
Die eingeweichte Gerste mit der Flüssigkeit 30 Minuten zugedeckt kochen.
Gerste mittelfein schroten, in die kochenden Körner unter ständigem Rühren geben (legt leicht an). Von der Feuerstelle nehmen und zugedeckt ausquellen lassen.

Zwiebel schälen, feinste Würfel schneiden und in heißem Öl anbraten. Butterpilze fein pulverisieren. Thymian waschen, mit einem Küchentuch trockentupfen und die Blättchen abzupfen. Thymian zu den Zwiebeln geben, kurz andünsten, mit dem Pilzpulver zur Gerste geben. Mit Kräutersalz und Pfeffer herzhaft abschmecken. Eier und Butter zufügen.
Je ein Mangoldblatt mit 1 EL Gerstenmasse füllen, Seiten einschlagen und aufrollen. In einer flachen Pfanne mit Wasser und Öl die Mangoldrollen von beiden Seiten je 10 Minuten garen.

Mit Muskat-Rahm-Sauce (S. 275) servieren.

Gefüllte, gratinierte Gerstenschnitten mit Pilzsauce

Butter fürs Backblech
50 g Gemüsewürfelchen
2 EL Öl
150 g Gerste
1 Lorbeerblatt
150 g Wasser
2 EL Quark
1 EL Butter
Kräutersalz
schwarzer Pfeffer
1 Msp Muskatnuß

Ein Backblech mit weicher Butter auspinseln.
Gemüsewürfelchen in heißem Öl goldgelb dünsten.
Gerste grob schroten, Lorbeerblatt und Wasser dazugeben. Unter Rühren mit dem Holzlöffel einmal aufkochen.
Mit sanfter Wärme 20 Minuten zugedeckt ausquellen lassen, dabei ab und zu umrühren, *Getreide legt leicht an.* Etwas abkühlen lassen.
Quark, Butter, Kräutersalz, 2 Umdrehungen aus der Pfef-

fermühle und frischgeriebene Muskatnuß unter die Gerste rühren. Backrohr auf 220°C vorheizen.
Die Gerste auf das vorbereitete Backblech geben und ausstreichen. *Das geht am besten mit einer Teigkarte, die Sie immer wieder ins kalte Wasser tauchen.*
Gerste ca. 10 Minuten backen, in 10 cm Quadrate schneiden.

Für die Füllung:
1 Zwiebel
2 EL Öl
500 g Wirsing
100 g Karotten
1 EL Butter
Kräutersalz
Muskat

Zwiebel schälen, feinst in Würfelchen schneiden, in heißem Öl goldgelb dünsten.
Vom Wirsing äußere Blätter entfernen, waschen, klein schneiden, Karotten abbürsten, sehr kleine Würfelchen schneiden und zusammen mit dem Wirsing über Dampf garen.
Zwiebel, Butter, Kräutersalz und frischgeriebene Muskatnuß dazugeben.
1 EL Wirsing auf jede Schnitte geben, mit einer 2. Gerstenschnitte bedecken.

Pilzsauce

¼ l süßer Rahm
Kräutersalz
schwarzer Pfeffer
2 EL Pilzpulver
1 TL Pfeilwurzmehl

Rahm, Kräutersalz, grob gemahlener Pfeffer, Pilzpulver, Pfeilwurzmehl im Mixer einmal aufschlagen.
In ein Pfännchen geben, mit dem Schneebesen rühren und kurz erhitzen.

Pilzsauce über die Schnitten geben und 5 Minuten gratinieren.

Grundrezept für Hirse

1 Tasse Hirse
1 Lorbeerblatt
2 Tassen Gemüsefond
1 EL in kleinste Würfel
geschnittenes Suppen-
gemüse (Karotten, Lauch,
Sellerie)

2 EL Öl
Kräutersalz
1—2 EL Butter
1 Marktbüschel Majoran

Hirse und Lorbeerblatt im Gemüsefond 30 Minuten einweichen.
Suppengemüse in Öl glasig andünsten, eingeweichte Hirse dazu geben, langsam erhitzen und zugedeckt bei behutsamer Wärmezufuhr 20 Minuten quellen lassen. *Die Hirse ist fertig, wenn alle Flüssigkeit aufgesaugt ist.*
Mit Kräutersalz und reichlich Butter würzen.
Majoran waschen, mit einem Küchentuch trocknen, die kleinen Blättchen abzupfen und über die Hirse streuen.

Mit Lauch-Rahm-Gemüse (S. 259) ist das eine leichte, feine Mahlzeit.

Hirseschnitten

Sie geben unter die gegarte Hirse 2 EL trockenen Quark (zur Lockerung) und 2 EL geriebenen Emmentaler. Ein Backblech mit Öl bestreichen, Hirsemasse mit einer Teigkarte, die in kaltes Wasser getaucht wird, ½ cm dick draufstreichen. Mit Butterflocken bestreut 10—15 Minuten überbacken. Dazu servieren Sie geschmolzene Tomaten (S. 266).

Hirsenockerl

2 EL Butter
2 Eigelb
3 Eiweiß

Butter fürs Backblech
½ Grundrezept Hirse

Butter schaumig rühren, Eigelb nach und nach dazugeben. Eiweiß steif schlagen.
Backblech mit weicher Butter bestreichen.
Backrohr auf 180°C vorheizen.
Die Schaummassen unter die Hirse heben. Mit 2 Eßlöffeln, die immer wieder in heißes Wasser getaucht werden, stechen Sie löffelgroße Nockerl ab.
Bei 180°C im vorgeheizten Ofen ca. 10 Minuten goldgelb backen.

Dazu servieren Sie Zucchini in Leinsamensauce (S. 265).

Süßer Hirse-Apfel-Auflauf

1 Tasse Hirse
3 Tassen Wasser
1 Zimtstange
1 Msp Vollmeersalz
300 g säuerliche Äpfel
½ Zitrone
100 g Butter
100 g Honig

2 Eigelb
50 g Mandeln
1 Stange Zimt
1 TL Hirse
Butter
2 Eiweiß
1 EL Butter

Hirse in Wasser 30 Minuten einweichen.
Mit Zimt und Salz einmal aufkochen, zugedeckt 20 Minuten quellen lassen, abkühlen.
Äpfel waschen, Kerngehäuse entfernen. Mit der Schale

feinblättrig aufschneiden und mit Zitronensaft beträufeln.
Butter mit Honig schaumig rühren, Eigelb nach und nach dazugeben, cremig aufschlagen.
Mandeln ohne Fett im Rohr 5 Minuten rösten, in Scheiben schneiden.
Zimt mit Hirse im elektrischen Schlagwerk pulverisieren.
Auflaufform mit weicher Butter ausstreichen.
Backrohr auf 200°C vorheizen.
Eiweiß steif schlagen.
Hirse und Schaummassen locker mischen. Die Hälfte davon in die Auflaufform geben, Äpfel hineinfüllen, mit etwas Zimt bestäuben. Restliche Hirse darauf verteilen.
Mandeln, Zimt und Butter in Flocken darüberstreuen.
Bei 200°C ca. 30 Minuten goldgelb backen.
Servieren Sie ihn warm und stellen Sie eine Schüssel mit gut gekühltem Sauerrahm auf den Tisch.

Grundrezept für Roggen

250 g Roggen   *½ l Wasser*

Herzhaft: 1 EL kleingeschnittenes Suppengemüse (wie Karotte, Sellerie, Lauch, Zwiebel). Als Ergänzung evtl. 1 Lorbeerblatt, Zitronenschale, Rosmarin ...
Nicht süßen!
Roggen fein oder grob mahlen, mit Wasser und den gewünschten Geschmackszutaten aufkochen und 20 Minuten in der Nachwärme ausquellen lassen.

◁ *Rosenkohl-Samtsuppe und Buchweizensuppe mit Waldpilzen* (Rezepte S. 206 und 208)

Roggen-Thymian-Pfannkuchen

1 Marktbüschel Thymian
4 Eigelb
½ l Milch
½ TL Kräutersalz

150 g Roggen
4 Eiweiß
Öl zum Backen

Thymian waschen, mit einem Küchentuch trockentupfen und die Blättchen abzupfen.
Eigelb, Milch, Kräutersalz und frischgemahlenen Roggen mit einem Schneebesen verschlagen. 30 Minuten quellen lassen.
Eiweiß steif schlagen und unter den Teig heben.
Öl in einer Pfanne erhitzen und 4 Pfannkuchen goldgelb backen.
Die Pfannkuchen mit Rotweinzwiebeln (S. 268) füllen, halb zuklappen und mit Thymian bestreut servieren.

Variante: Sie lassen Kräutersalz und Thymian weg und füllen die Pfannkuchen mit Zwetschgenröster (S. 242).

Grundrezept für Hafer

250 g Hafer   ½ l Wasser

Herzhaft: 1 EL kleingeschnittenes Suppengemüse (wie Karotte, Sellerie, Lauch, Zwiebel). Als Ergänzung evtl. 1 Lorbeerblatt, Liebstöckel, Thymian.
Süß: Ingwerwurzel, Zimtrinde, Nelken oder Vanilleschote.

Hafer fein oder grob mahlen, mit Wasser und den gewünschten Geschmackszutaten aufkochen, dabei mit einem Holzlöffel umrühren.

Auf ausgeschalteter Herdplatte 20 Minuten quellen lassen.

Pikanter Nuß-Hafer-Kuchen

2 EL Öl
2 EL kleinst geschnittenes
Suppengemüse (Lauch,
Sellerie, Karotte, Zwiebel)
400 g Gemüsefond
300 g Hafer

100 g Haselnüsse
1 Marktbüschel Majoran
2 Eiweiß
Kräutersalz
Butter

In heißem Öl das Suppengemüse glasig andünsten und mit Fond aufgießen.
Hafer halb fein, halb flockig gemahlen dazugeben, unter Rühren langsam erhitzen und zugedeckt 20 Minuten bei sanfter Wärmezufuhr ausquellen lassen.
Haselnüsse im Rohr bei 180°C ca. 5 Minuten ohne Fett rösten, in Scheiben schneiden.
Backrohr auf 200°C vorheizen.
Majoran waschen, mit einem Küchentuch trockentupfen, Blättchen abzupfen und unter den Hafer geben.
Eiweiß mit Salz steif schlagen, unter die Hafermasse geben und fein abschmecken. Die Masse soll mild sein.
Eine Springform mit weicher Butter ausstreichen, die Hafermasse einfüllen.
Bei 200°C 30 Minuten backen.

Dazu servieren Sie Blumenkohl mit Currysauce (S. 261).

Grundrezept für Mais

600 ml Wasser
600 ml Milch
1 TL Vollmeersalz
250 g Mais
1 EL Butter

1 EL geriebener Parmesan
1 Marktbüschel Basilikum
1 EL Parmesan, frisch gerieben
1 EL Butter

Wasser, Milch und Vollmeersalz aufkochen, Mais mehlfein mahlen, dazugeben und unter Rühren einmal aufkochen lassen. Rühren, bis die Masse fest geworden ist; der Mais legt leicht an.
Geben Sie unter den fertigen Maisbrei Butter und Parmesan.
Basilikum waschen, mit einem Küchentuch trockentupfen und kleingezupft unter den Maisbrei geben.
Den Brei auf ein Backblech streichen und abkühlen lassen. Mit einem Trinkglas (den Rand in kaltes Wasser tauchen) runde Scheiben ausstechen, auf eine feuerfeste Platte dachziegelartig legen, mit Parmesan und Butterflocken bestreuen und 10 Minuten überbacken.

Dazu passen Bohnen italienisch (S. 261).

Maisauflauf

1 Grundrezept Mais
1 Knoblauchzehe
2 Zwiebeln
3 EL Öl
4 Paprika
4 mittelgroße Fleischtomaten

200 g reifer Camembert oder Limburger
100 g Butter
Kräutersalz
Pfeffer aus der Mühle

Eine Pfanne mit der Knoblauchzehe ausreiben.
Zwiebel schälen, in nicht zu feine Würfel schneiden, in heißem Olivenöl andünsten. Paprika waschen, in 2 cm große Würfel schneiden, zu den Zwiebeln geben und 5 Minuten mitschmurgeln lassen.
Tomaten waschen, Blütenansatz herausschneiden, ½ cm dicke Scheiben schneiden.
Käse in Scheiben schneiden, von der Butter kleine Flöckchen machen.
Flache große Auflaufform mit weicher Butter ausstreichen. ¼ des Maises hineingeben, die Hälfte der Zwiebel- und Paprikawürfel, Tomatenscheiben darauflegen, mit Salz und Pfeffer würzen. Zweites Viertel Mais darauf verteilen, die halbe Käsemenge darauflegen, drittes Viertel Mais, restliches Gemüse und Butterflocken verteilen, würzen, mit restlichem Mais bedecken.
Mit Butterflocken und restlichem Käse bei 180°C 30 bis 40 Minuten backen.

Grundrezept für Buchweizen

1 Zwiebel
2 EL Öl
1 EL getrocknete Butterpilze
2 Tassen Buchweizen

4 Tassen Gemüsefond
Kräutersalz
Pfeffer aus der Mühle
1 Marktbüschel Petersilie

Zwiebel schälen, feinst in Würfel schneiden und in Öl andünsten.
Butterpilze mit elektrischem Schlagwerk fein pulverisieren, mit dem Buchweizen zu den Zwiebeln geben. Mit Gemüsefond aufgießen, langsam erhitzen und zugedeckt 20 Minuten quellen lassen. Mit Kräutersalz und Pfeffer aus der Mühle abschmecken.

Petersilie waschen, mit einem Küchentuch trockentupfen, kleine Blättchen abzupfen.
Mit 1 EL Butter und Petersilienblättchen — vielleicht zusammen mit Pilzen in Rahm — das Gericht abrunden.

Wenn Sie unter dieses Grundrezept 2 EL Quark oder 2 Eier zur Bindung geben, können Sie halbierte, ausgehöhlte Zucchini damit füllen. Dazu reichen Sie eine Pilz-Rahm-Sauce (S. 269).
Oder Sie formen mit nassen Händen kleine Laibchen und braten sie in heißem Öl in einer Pfanne. Für Leber und Galle schonender ist, wenn Sie die Laibchen auf ein geöltes Blech legen und im Rohr bei 175 °C von beiden Seiten 5—10 Minuten knusprig backen.
Oder Sie formen mit nassen Händen kleine Knödel und lassen diese in kochendem Salzwasser 5 Minuten ziehen. Geben Sie über die Klößchen geschmolzene Butter und Schnittlauchröllchen. Eine passende Begleitung wäre süßsaures Blaukraut (S. 264).

Butterpilze gefüllt in eine Buchweizen-Roulade

100 g Buchweizen
4 Eigelb
1 TL Honig
1 EL Roquefortkäse

4 Eiweiß
1 TL Vollmeersalz
2 EL Buchweizenmehl

Ein Backblech mit Butter bepinseln, mit Butterbrotpapier auslegen und auch gut mit Butter bepinseln. *So löst sich die Roulade garantiert leicht vom Papier. Backtrennpapier verwenden wir nicht.*
Buchweizen staubfein mahlen, 2 EL Mehl zurückbehalten zum Aufrollen der gebackenen Roulade.

Eigelb mit Honig hellcremig rühren. Käse mit einer Gabel zerdrücken und in kleinen Portionen unter die Eigelbcreme schlagen.
Vollmeersalz im Mörser fein zerstoßen. Eiweiß mit Salz steif schlagen.
Backofen auf 240 °C vorheizen.
Alle Zutaten mit einem Kochlöffel luftig schlagen und auf das vorbereitete Blech locker aufstreichen. *Die Ränder rund lassen und nicht flach und dünn ausstreichen, sie verbrennen sonst.* Den Teig ca. 5 Minuten backen — er soll goldgelb und noch weich-luftig sein.
Während der Backzeit ein sauberes Küchentuch auf dem Tisch ausbreiten und mit Mehl bestäuben. Den fertigen Kuchen aus dem Ofen nehmen, sofort darauf stürzen, Papier abziehen und den Teig mit dem Tuch locker aufrollen.

Für die Füllung:
100 g Butterpilze, getrocknet
1 Zwiebel
2 EL Sonnenblumenöl
3 EL Crème fraîche
einige Tropfen Zitronensaft
Kräutersalz
schwarzer Pfeffer aus der Mühle
⅛ l süßer Rahm, sehr kühl
Kräutersalz
einige Tropfen Zitronensaft
2 Marktbüschel Petersilie

Butterpilze 1 Stunde in Wasser einweichen.
Zwiebel schälen und in feinste Würfelchen schneiden, im heißen Öl goldgelb anschwitzen. Pilze abgießen, das Einweichwasser für Suppe oder Sauce zurückbehalten (hier allerdings wird es nicht gebraucht).
Pilze in kleine Stücke von 1 cm schneiden und mit den Zwiebeln 10 Minuten mitschmurgeln.
Crème fraîche und Zitronensaft dazugeben und 5 Minuten einziehen lassen. Mit Salz und Pfeffer herzhaft ab-

schmecken, vom Feuer nehmen und etwas abkühlen lassen.
Rahm steif schlagen, mit Salz und Zitronensaft dezent abschmecken. Die Teigrolle vorsichtig öffnen, steifgeschlagenen Rahm daraufgeben. Von der Petersilie die Blättchen abzupfen und auf dem Teig verteilen, Pilze daraufgeben und locker aufrollen.

Als Vorspeise servieren.

Buchweizenspatzeln mit Spinat oder Brennesselspitzen

*1 kleine Zwiebel
2 EL Sonnenblumenöl
50 g Spinat oder Brennesselspitzen
150 g Buchweizen, mittelfein schroten
100 g Milch
100 g Wasser
150 g altbackenes Vollkornweizenbrot
3 Eier
Kräutersalz und Pfeffer aus der Mühle
2 l kochendes Salzwasser
2 EL Kümmel
125 g Butter*

Zwiebel schälen, in feinste Würfelchen schneiden und im heißen Öl andünsten, Brennesselspitzen oder Spinat feingehackt 2—3 Minuten mitdünsten.
Buchweizenschrot zufügen, mit Wasser und Milch aufgießen, unter Rühren einmal aufkochen. Von der Herdstelle nehmen und zugedeckt 20 Minuten quellen lassen.
Vollkornbrot fein reiben, mit den Eiern unter den Teig rühren.
Der Teig darf nicht zu weich sein, sonst zerfallen die Spatzeln.

Mit Kräutersalz und Pfeffer gut würzen. Mit 2 EL, die in heißes Wasser getaucht werden, Fünf-Markstück-große Spatzeln abstechen, in die Mitte mit dem Daumen eine Delle drücken und in kochendes Salzwasser gleiten lassen. Wenn die Spatzeln aufsteigen, noch 1 Minute ziehen lassen.
Mit dem Schaumlöffel herausnehmen, gut abtropfen und auf eine vorgewärmte Platte geben.
Kümmel im Mörser zerstoßen und in einem kleinen Pfännchen dextrinieren, bis er anfängt, sein Aroma angenehm zu entfalten. Den Topf vom Feuer nehmen, Butter hineingeben und schmelzen lassen. Kurz auf die noch warme Feuerstelle stellen, über die Spatzeln geben.

Als Begleitung Wirsing in schmalen Spalten, kurz im Dampf gegart und auch mit Kümmelbutter übergossen.
Sehr gut schmecken die Spatzeln aber auch mit Parmesan und Butter, als Begleitung geschmolzene Tomaten (S. 266).
Spatzeln mit Bohnenkraut und Butter; als Begleitung Bohnen mit Weinsauce (S. 276) mit Rotwein.
Spatzeln mit Schnittlauch und Butter; als Begleitung Blumenkohl mit Zitronenrahmsauce (S. 261).

Karamelkartoffeln

1 kg speckige Kartoffeln Kräutersalz
150 g Butter ⅛ l Wasser
1 EL Honig

Kartoffeln unter fließendem Wasser abbürsten. Im Dampftopf halb fertig garen, schälen, in Viertelstücke schneiden.
Butter in eine Pfanne geben.
Honig in die Mitte der Butter setzen und schmelzen lassen, Kartoffeln darin schwenken, Kräutersalz und Wasser dazugeben, ohne Deckel 20 Minuten bei leichter Wärmezufuhr ziehen lassen. Die Flüssigkeit soll am Ende der Garzeit aufgebraucht sein.

Dazu schmecken Bohnen mit Eiersauce (S. 262).

Walnußkartoffeln

1 kg festkochende 200 g Walnußkerne
Kartoffeln 100 g Butter
2 große Zwiebeln Kräutersalz
250 g Appenzellerkäse 1 Marktbüschel Petersilie

Kartoffeln unter fließendem Wasser abbürsten, im Kartoffeldämpfer garen, heiß abschälen.
Zwiebeln schälen, Kartoffeln, Zwiebeln und Käse grob aufraffeln. Walnüsse mit der Hand zerbröckeln und mit Butterflocken unter die Kartoffeln heben. Mit Salz und Pfeffer würzen.
Petersilie waschen, mit einem Küchentuch trockentupfen, in Blättchen zupfen.

Kartoffeln in eine vorgewärmte feuerfeste Schüssel geben, 10 Minuten bei 180 °C im Backofen überbacken und mit Petersilie bestreut servieren.

Gut dazu passen Bohnen mit einer Weißweinsauce (Seite 276), mit Schnittlauchröllchen bestreut.

Kräuter-Sesam-Kartoffeln

*1 kg festkochende
Kartoffeln*

Kartoffeln unter fließendem Wasser abbürsten, im Dampftopf kochen, noch heiß mit der Schale in Viertelstücke schneiden und in der Kräuter-Sesam-Butter schwenken.

Kräuter-Sesam-Butter

*50 g Sesam
150 g Butter
1—2 TL Kräutersalz*

*Schnittlauch, Petersilie,
Liebstöckel, Salbei,
Thymian, Gänseblümchen*

Sesam in einer Pfanne ohne Fett rösten, bis es anfängt, angenehm zu duften.
Pfanne von der Feuerstelle nehmen und Butter darin schmelzen lassen.
Kräuter waschen, mit einem Küchentuch trocknen, Schnittlauch in feine Röllchen schneiden, die anderen Kräuter klein zupfen, Gänseblümchenköpfchen (wenn Sie welche zur Hand haben) ganz lassen.
Kräuter in die Butter geben und die Kartoffeln darin schwenken.

Kartoffel-Käse-Torte

250 g mehlige Kartoffeln
6 Eigelb
1 TL Honig
150 g Roquefort
100 g Walnüsse
6 Eiweiß

Kräutersalz
Pfeffer aus der Mühle
Muskat
Butter für die Form
Vollkornbrösel

Kartoffeln unter fließendem Wasser abbürsten, im Kartoffeldämpfer kochen, schälen und zugedeckt 1 Tag stehenlassen. Dann durch eine Kartoffelpresse drücken.
Eigelb mit Honig hellcremig rühren. Käse mit einer Gabel pürieren, Nüsse mit der Hand zerdrücken.
Backrohr auf 180°C vorheizen.
Eiweiß steif schlagen. Alle Zutaten vorsichtig unterheben, mit Salz, Pfeffer und feingeriebener Muskatnuß abschmecken.
Springform mit weicher Butter ausstreichen, mit Bröseln ausstreuen und den Kartoffelteig einfüllen.
Bei 180°C 50—60 Minuten backen.

Diese Kartoffeltorte schmeckt gut zu einer großen Schüssel voll grünem Salat.

Sie schmeckt auch in ihrer süßen Variante:
Sie nehmen das Rezept Kartoffeltorte und ersetzen den Käse durch die gleiche Menge Honig und lassen alle salzigen Gewürze weg. Sie können noch 100 g Rosinen in den Teig geben.

Kartoffelauflauf

1 kg mehlige Kartoffeln
300 g heiße Milch
3 Eigelb
Kräutersalz
1 EL Weizen

½ Muskatnuß
3 Eiweiß
Butter für die Form
50 g Butter

Kartoffeln unter fließendem Wasser abbürsten, dämpfen, schälen und durch die Kartoffelpresse drücken.
Milch, Eigelb und Kräutersalz mit einem Schneebesen unterschlagen.
Backofen auf 200°C vorheizen.
Weizen und Muskatnuß in einem elektrischen Schlagwerk fein pulverisieren. Eiweiß steif schlagen, unter den Kartoffelbrei heben.
Eine feuerfeste Form mit Butter ausstreichen, Kartoffelbrei einfüllen. Butterflöckchen aufsetzen und bei 200°C ca. 45 Minuten backen.

Dazu Honigkarotten mit Brennesselspitzen (S. 262).

Krautwuzerl

1 kg Kartoffeln
2 mittlere Zwiebeln
3 EL Öl
300 g Sauerkraut

1 Marktbund Petersilie
3 Eigelb
3 EL saurer Rahm
100 g Weizen

Kartoffeln unter fließendem Wasser abbürsten, im Kartoffeldämpfer kochen, schälen und durch die Kartoffelpresse drücken.
Zwiebeln schälen, in feinste Würfelchen schneiden, in heißem Öl glasig andünsten.
Sauerkraut schneiden, zu Zwiebeln und Öl geben, 5 Minuten mitgaren.

Petersilie waschen, mit einem Küchentuch trocknen, Blättchen abzupfen.
Eigelb, Rahm, Petersilie, Sauerkraut und Gewürze mit dem Kartoffelbrei mischen.
Weizen mehlfein mahlen, auf einem Backbrett ausstäuben und aus dem noch heißen Kartoffelbrei fingergroße Nudeln formen. In einer Bratpfanne mit heißem Öl knusprig braten oder — *schonender für Leber und Galle* — Sie legen die Krautwuzerl auf ein geöltes Backblech und backen bei 180°C, bis sie goldgelb und knusprig sind.

Dazu paßt natürlich Apfelsauerkraut (S. 267).

Salbei-Kartoffel-Küchlein

750 g mehlige Kartoffeln
1 Marktbund Salbei
150 g Parmesan
3 Eigelb
Kräutersalz
schwarzer Pfeffer aus der Mühle
100 g Weizen
⅛ l Öl

Kartoffeln unter fließendem Wasser abbürsten, im Dampftopf kochen. Kartoffeln schälen und durch die Kartoffelpresse drücken.
Salbei waschen, mit einem Küchentuch trocknen und die Blättchen abzupfen.
Käse fein reiben, Eigelb, Salbeiblätter, Salz und Pfeffer mit dem Kartoffelbrei verkneten.
Weizen mehlfein mahlen, auf ein Backbrett stäuben.
Kartoffelteig zu einer Rolle formen. 12 Scheiben davon abschneiden und in einer Pfanne mit heißem Öl von beiden Seiten knusprig braten.

Dazu paßt Paprikatopf (S. 264).

Rote-Rüben-Laibchen

(Abbildung Seite 193)

600 g mehlige Kartoffeln
400 g Rote Rüben
3 Eier
1 Marktbund Kerbel oder Petersilie
Kräutersalz
schwarzer Pfeffer aus der Mühle
1 TL Butter

Kartoffeln und Rote Rüben unter fließendem Wasser abbürsten, im Dampftopf kochen, schälen und grob raffeln.
3 Eier mit dem Kochlöffel unterrühren.
Kerbel oder Petersilie waschen, mit einem Küchentuch trocknen, Blättchen abzupfen und zu dem Kartoffelbrei geben.
Backblech mit Butter bepinseln.
Backrohr auf 180°C vorheizen.
Mit Salz und Pfeffer herzhaft abschmecken.
Formen Sie mit nassen Händen runde Laibchen von ca. 1 cm Dicke und 7 cm Ø. Von beiden Seiten 5—10 Minuten backen. Mit goldgelb gebratenen Zwiebelringen belegt servieren.

Gut paßt dazu Meerrettichsauce (S. 275) und junger Wirsing in Achtel geschnitten und kurz gedämpft.

Warmer Kartoffelsalat

750 g festkochende Kartoffeln
1 mittelgroße Zwiebel
1 Knoblauchzehe
1/8 l Sonnenblumenöl
1/8 l Gemüsebrühe
Apfelessig
Kräutersalz
1/2 TL Honig
schwarzer Pfeffer aus der Mühle
1/8 l Milch (evtl. mehr, wenn die Kartoffeln sehr viel Flüssigkeit saugen)
2 Eigelb
1 Marktbund Schnittlauch

Diesen Kartoffelsalat dürfen Sie auch am Abend essen, er ist selbst für Magenschwache leicht verdaulich.
Kartoffeln unter fließendem Wasser abbürsten, im Dampftopf garen. In der Zwischenzeit Zwiebel und Knoblauchzehe schälen, in kleine Würfel schneiden und in heißem Öl hell-glasig dünsten (dürfen keine Farbe annehmen).
Gemüsebrühe mit Essig und Kräutersalz nach Zungentest sowie mit Honig sehr würzig abschmecken und in einem kleinen Topf heiß werden lassen.
Die fertiggegarten Kartoffeln schälen, in Scheiben schneiden, mit heißer Gemüsebrühe übergießen, Zwiebel und Öl dazugeben und vorsichtig mit 2 Holzlöffeln durchmischen. Eventuell mit Kräutersalz und Pfeffer nachwürzen.
Milch heiß werden lassen, Eigelb mit einem Schneebesen unterschlagen und unter den Kartoffelsalat mischen.
Schnittlauch waschen, in kleine Röllchen schneiden, über den Salat streuen.

Winterlicher Linsentopf

Eintöpfe können, liebevoll zubereitet, zu einem wahren Gaumenschmaus werden. Folgendes Rezept ist zwar ein einfacher Linsentopf — doch Achtung: Die Esser könnten sich plötzlich in hungrige Vielfraße verwandeln!
Damit der Eintopf so lecker wird wie versprochen, muß es sich bei den Linsen unbedingt um die kleinen, schwarzen Zwerglinsen handeln (erstens schmecken sie ganz hervorragend, zweitens blähen sie nicht) und keine anderen, dürfen nur zarter Lauch und Kartoffeln hinein und nicht Karotten, Sellerie und das übliche Suppengrünzeug, das hier nur den Geschmack verderben würde. Mit Rotwein und Rotweinessig abschmecken und mit frischen Thymianblättchen würzen.

400 g Linsen	2 EL Rotweinessig (S. 88)
1 l Gemüsefond	2 EL Rotwein
1 Zwiebel	½ TL Honig
2 Nelken	Kräutersalz
2 Lorbeerblätter	Pfeffer aus der Mühle
500 g junger Lauch	1 Zweig Thymian
500 g kleine Kartoffeln	100 g Butter
5 EL Öl	
⅛ l Gemüsefond	

Linsen waschen, mit Gemüsefond über Nacht einweichen. Am nächsten Tag mit dem Einweichwasser zum Kochen bringen und 30 Minuten kochen.
Zwiebel schälen, halbieren, in jede Hälfte 1 Nelke und 1 Lorbeerblatt stecken und mitkochen.
Lauch putzen, der Länge nach aufschneiden und unter fließendem Wasser gründlich säubern. In 5 cm lange Stücke schneiden.

Kartoffeln unter fließendem Wasser abbürsten, schälen und halbieren.
Öl in einer Pfanne erhitzen, Kartoffeln darin andünsten, mit Fond aufgießen, zugedeckt 20 Minuten köcheln lassen. Lauch zugeben, weitere 10 Minuten dünsten.
Gemüse zu den Linsen geben, mit Essig, Rotwein, Kräutersalz, Pfeffer und Honig abschmecken.
Thymian waschen, mit einem Küchentuch trocknen, kleine Blättchen abzupfen, mit Butter unter die Linsen heben.

Feine Gemüse

Lauch-Rahm-Gemüse

750 g junger Lauch
⅛ l Wasser
⅛ l süßer Rahm

1 Eigelb
1 TL Pfeilwurzmehl
Kräutersalz

Vom Lauch die äußeren Blätter entfernen. Die Lauchstangen längs halbieren und unter fließendem Wasser waschen.
Wenn die Wurzeln frisch sind, sehr klein schneiden und mit verwenden. *Lauchwurzeln haben einen hohen Heilwert und wirken sanierend auf den Darm.*
Den Lauch längs 10 cm lang und 1 cm breit in Streifen schneiden, in wenig Wasser 5 Minuten garen.
Lauch herausnehmen, warm stellen.
Das Kochwasser mit Rahm aufgießen, mit verquirltem Eigelb oder mit Wasser angerührtem Pfeilwurzmehl binden. Mit Kräutersalz dezent abschmecken.
In eine vorgewärmte Schüssel die Sauce geben, Lauch hineinlegen.

Sellerieschnitzel

2 mittelgroße Sellerie
2 l Wasser
1 TL Vollmeersalz
1 Zitrone
Kräutersalz
schwarzer Pfeffer aus der Mühle
⅛ l süßer Rahm
4 EL Weizen
2 Eier
2 EL Öl
2 EL feinst gemahlene Vollkornbrösel
Öl zum Braten

Sellerie unter fließendem Wasser abbürsten. Schale dünn abschneiden. Sellerie in Salzwasser 30 Minuten kochen. In 1 cm dicke Scheiben schneiden.
Mit Zitronensaft beträufeln, mit Kräutersalz und Pfeffer würzen und durch süßen Rahm ziehen.
Weizen fein mahlen, Selleriescheiben darin wenden.
Eier und Öl mit einer Gabel verschlagen, Selleriescheiben von beiden Seiten eintauchen, in Brösel wenden.
In heißem Öl von beiden Seiten goldgelb braten und mit Zitronenscheiben garnieren.

Dazu paßt Kartoffelsalat.

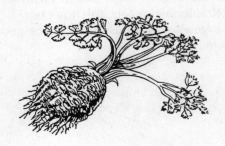

Blumenkohl mit Currysauce oder Zitronenrahmsauce

300 g Blumenkohl
½ l Wasser
½ Zitrone
Vollmeersalz

Gemüse in Salzwasser legen (damit eventuell vorhandene Raupen herauskommen).
In das Salzwasser Zitronensaft geben und das Gemüse darin 10 Minuten garen.
Gemüse mit einem Seihlöffel herausnehmen und warm stellen.

Mit Currysauce (S. 276) oder Zitronenrahmsauce (S. 274) servieren.

Bohnen italienisch

750 g Bohnen
1 l Wasser
1 EL Vollmeersalz
1 Marktbüschel Bohnenkraut
1 EL Butter
½ Rezept Tomatensauce würzig (S. 271)

Bohnen waschen und putzen. In Salzwasser 10 Minuten kochen. In einem Sieb abgießen, die Bohnen der Länge nach halbieren. Bohnenkraut waschen, mit einem Küchentuch trockentupfen, Blättchen abzupfen.
Butter schmelzen, Bohnen und Bohnenkraut darin schwenken.
Auf eine vorgewärmte Platte legen, 1 EL Tomatensauce darübergeben, servieren.

Bohnen mit Schnittlauch-Eier-Sauce

2 EL Butter
2 EL Vollkornbrösel
2 Eier

1 Rezept Rahmsauce
(S. 274)
3 EL Weißwein
1 Marktbund Schnittlauch

Bohnen zubereiten wie vorher, auf einer vorgewärmten Platte warm stellen. Außerdem Butter schmelzen, Brösel darin anrösten, über die Bohnen streuen.
Eier 6 Minuten sprudelnd kochen, schälen und in kleine Würfel schneiden.
Sie geben in die Sauce anstelle von Zitronensaft Weißwein.
In feine Röllchen geschnittenen Schnittlauch und Eierwürfel locker unterziehen und die Sauce über die Bohnen geben.

Honigkarotten mit Brennesselspitzen

750 g Karotten
1 EL Butter
1 TL Honig
$1/8$ l Gemüsefond

100 g Brennesselspitzen
1 EL Butter
$1/2$ Zitrone

Karotten unter fließendem Wasser abbürsten, in Scheiben schneiden, in Butter und Honig andünsten, Fond aufgießen und zugedeckt 10 Minuten dünsten.
Brennesseln waschen, fein schneiden, zu den Karotten geben, noch 2—3 Minuten köcheln, dabei den Deckel abnehmen und die Flüssigkeit verdampfen lassen.

Butter auf die Karotten geben, 1 TL Zitronensaft darüberträufeln und durchschwenken.
In einer vorgewärmten Schüssel servieren.

Krautfleckerl

Kohlgerichten eilt der unrühmliche Ruf voraus, daß sie Blähungen verursachen. Nun, das stimmt nur zum Teil, nämlich dann, wenn die Kohlblätter zusammen mit Fett erhitzt werden. Dünstet man sie aber in ein wenig Wasser oder gart sie über Dampf, so entwickelt der Kohl eine sehr heilsame Wirkung auf den Magen. Auch Leber- und Galle-Empfindliche können ihn dann gut vertragen.

1 Rezept Nudelteig (S. 217)   2 EL Butter
500 g junges Weißkraut $\frac{1}{8}$ l süßer Rahm
1 Zwiebel   1 Msp scharfer Paprika
1 TL Honig   2 EL Essig

Nudelteig dünn ausrollen, in 1,5 cm breite Streifen schneiden und 5—6 Minuten kochen, mit kaltem Wasser abschrecken und in einem Sieb abtropfen lassen.
Vom Weißkraut die äußeren Blätter abnehmen, dann den Krautkopf waschen, in 2 × 2 cm große Flecke schneiden und in wenig Wasser 5—7 Minuten garen.
Zwiebel schälen und in feinste Würfel schneiden. Honig und Butter schmelzen, Zwiebel darin andünsten, Kraut und Nudeln dazugeben, mit 2 Holzlöffeln mischen, mit Rahm und Essig aufgießen und 2—5 Minuten einziehen lassen. Mit Kräutersalz abschmecken.
In einer vorgewärmten Schüssel anrichten.
Mit scharfem Paprika quer über die Nudeln eine Linie stäuben. Mit einem Petersiliensträußchen verzieren.

Paprikatopf

200 g Zwiebeln
200 g Paprika
3 EL Olivenöl
2 EL Rotwein
2 EL Rotweinessig
200 g Zucchini

300 g Fleischtomaten
1 EL Tomatenmark
1 Msp scharfer Paprika
Kräutersalz
½ TL Honig

Zwiebeln schälen, in Achtel schneiden, Paprika waschen, Kerngehäuse entfernen, Paprika in Streifen schneiden.
In einer großen Pfanne Olivenöl erhitzen, Zwiebeln und Paprika offen 10 Minuten darin dünsten; Wein und Essig dazugeben.
Zucchini waschen, in 1 cm Scheiben schneiden, dazugeben, 5 Minuten mitdünsten.
Tomaten mit heißem Wasser brühen, häuten.
Die Kerne lassen wir drin, das gibt eine schöne Sauce.
Die Tomaten in Streifen schneiden und zum Gemüse geben. 2 Minuten mitziehen lassen. Mit Tomatenmark, Paprika, Kräutersalz, Honig abschmecken.

Süßsaures Blaukraut

⅛ l Gemüsefond
3 EL Apfelessig
750 g Blaukraut
1 Zwiebel
4 Nelken

2 Lorbeerblätter
1 Apfel
1 TL Honig
Kräutersalz

Fond mit Essig erhitzen.
Vom Blaukraut die äußeren Blätter entfernen. Das Kraut

halbieren und fein hobeln. In den kochenden Fond geben.
Zwiebel schälen, halbieren, in jede Zwiebelhälfte 2 Nelken stecken und mit den Lorbeerblättern zum Kraut geben.
Apfel schälen, Kerngehäuse entfernen; Apfel in kleine Würfel schneiden, mit dem Kraut mitkochen.
Wenn das Kraut gar ist, mit Honig, Kräutersalz und evtl. 1 Schuß Essig sehr pikant abschmecken und mit einem ordentlichen Stück Butter abrunden.

Zucchini in Leinsamensauce

750 g junge Zucchini
3 EL Öl
¼ l süßer Rahm
Kräutersalz
Pfeffer aus der Mühle
½ Zitrone
2 Eigelb oder
1 TL Pfeilwurzmehl
2 EL Leinsamen

Zucchini waschen und in Scheiben schneiden, in heißem Öl goldgelb andünsten. Mit Rahm aufgießen und (nicht zugedeckt) 10 Minuten leise köcheln lassen.
Mit Kräutersalz und Pfeffer aus der Mühle abschmecken und Zitronensaft zugeben. Mit verquirltem Eigelb oder mit Wasser klümpchenfrei angerührtem Pfeilwurzmehl binden.
In eine vorgewärmte Schüssel geben und mit im Mörser zerstoßenem Leinsamen bestreut servieren.

Dieses zarte Gemüse ergänzt sich gut mit Hirsenockerl (S. 240).

Geschmolzene Tomaten

1 kg kleine Fleischtomaten Kräutersalz
1 EL Butter Pfeffer aus der Mühle

Tomaten mit heißem Wasser brühen und die Haut abziehen. Den Blütenansatz herausschneiden.
Butter schmelzen.
2 Tomaten in ca. 2 cm Stücke schneiden, in die Butter geben, die ganzen Tomaten darauf setzen und vorsichtig (damit die Tomaten nicht zerfallen) garen. Nicht zudecken!
Mit Kräutersalz und Pfeffer würzen.

Schwarzwurzeln

Sie machen etwas Arbeit, doch sie schmecken unnachahmlich gut ...

750 g Schwarzwurzeln 3 EL Essig
2 l Wasser ¼ l Wasser
3 EL Essig ½ Zitrone
2 l Wasser

Wurzeln unter fließendem Wasser abbürsten. Wasser mit Essig mischen.
Unter Wasser die Schale der Schwarzwurzeln abschaben. In 10 cm lange Stücke schneiden und in sauberes Essigwasser legen.
Wasser und Zitronensaft erhitzen, Schwarzwurzeln darin 10—20 Minuten kochen.

Mit einer Zitronenrahmsauce (S. 274) servieren.

Apfelsauerkraut

1 Zwiebel
2 Äpfel
750 g Sauerkraut
2 EL Weißwein

1 Lorbeerblatt
1 TL Honig
1 EL Butter

Zwiebel schälen und in feinste Würfel schneiden, in heißem Öl anbraten.
Äpfel waschen, Kerngehäuse herausschneiden, Fruchtfleisch in kleine Würfel schneiden, zu den Zwiebeln geben.
Sauerkraut fein schneiden, 10 Minuten mitdünsten, Weißwein, Lorbeerblatt, Honig dazugeben und mit Kräutersalz abschmecken.
Noch 10 Minuten, nicht zugedeckt, anziehen lassen, dann die Butter dazugeben.

Spargel

1 kg Spargel
etwas Butter

wenig Salz

Spargel waschen, dünn schälen. Die Schalen mit Butter und Salz ins Kochwasser geben und 10 Minuten zugedeckt kochen.
Spargel in 4 Portionen mit einem Bindfaden bündeln, ins Kochwasser geben und zugedeckt 10—15 Minuten kochen.
Der Spargel soll weich, aber noch so fest sein, daß er Stand hat. Mit einem Seihlöffel herausnehmen und warm stellen.

Dazu Zitronenrahmsauce (S. 274).

Rotweinzwiebeln

750 g kleine rote Zwiebeln
3 EL Öl
1 TL Honig
1/8 l Rotwein
1/8 l Gemüsefond

1/8 l süßer Rahm
Kräutersalz
schwarzer Pfeffer und
Piment aus der Mühle

Zwiebeln schälen, in Viertel schneiden.
Öl und Honig schmelzen, die Zwiebeln darin glasig dünsten.
Jetzt mit Rotwein und Gemüsefond ablöschen und die Flüssigkeit unter leisem Köcheln ca. 10 Minuten reduzieren.
Rahm zugießen, nochmals kurz reduzieren, mit Kräutersalz nach Zungentest und einem Hauch grobgemahlenem Pfeffer und Piment abrunden.

Saucen

An den Saucen erkenne man den guten Koch, heißt es. Und in der Tat verlangt kaum ein Bestandteil des Menüs mehr Aufmerksamkeit als die Sauce. Denn sie allein entscheidet, ob ein Gericht dadurch auf- oder abgewertet wird.
Sie dürfen vermuten: Eine anständige Sauce muß Manieren haben, sie darf sich weder im Geschmack noch in der Konsistenz vor das eigentliche Gericht drängen, das sie ja nur begleiten und dezent unterstreichen soll.

Einbrennen verwenden wir nie.

Rahmsauce mit Waldpilzen

250 g Steinpilze oder Pfifferlinge
1 Zwiebel
½ TL Weizenmehl
1 EL Butter
⅛ l Weißwein
¼ l süßer Rahm
Kräutersalz
Pfeffer
2 EL Sonnenblumenöl
1 Thymianzweiglein

Pilze putzen, mit einem Küchentuch sauber abreiben. Steinpilze blättrig schneiden, Pfifferlinge je nach Größe ganz lassen oder halbieren.
Zwiebel schälen, feinste Würfelchen schneiden, in Mehl wälzen und mit Butter und Weißwein ohne Deckel leise köcheln.

Nach 15 Minuten Rahm zugießen, ca. 10 Minuten behutsam reduzieren.
Durch ein feines Sieb streichen, mit Kräutersalz und Pfeffer abschmecken.
In einem Pfännchen Öl erhitzen, Pilze in 2—3 Portionen deshalb, weil sie sonst Saft ziehen. Die Pilze in die Pastete (S. 177) geben, Sauce darübergießen, vom Thymian die Blättchen abzupfen und darüberstreuen.

Tomatensauce
(mild-lieblich)

1 Zwiebel
2 EL Sonnenblumenöl
300 g Fleischtomaten
1 TL Tomatenmark
¼ TL Honig

Kräutersalz
Pfeffer aus der Mühle
süßer Paprika
1—2 EL süßer Rahm

Zwiebel schälen, feinst in Würfelchen schneiden und in heißem Öl goldgelb andünsten.
Tomaten in heißem Wasser brühen, häuten, mit einem kleinen Löffel Kerne herausnehmen. Tomaten in ½ cm Würfel schneiden, einige beiseite stellen, Rest mit den Zwiebelwürfelchen mitdünsten.
Mit Tomatenmark und den Gewürzen fein abschmecken. Streichen Sie die Sauce durch ein feines Sieb.
Rahm steif schlagen und mit Tomatenwürfelchen unterheben.

Tomatensauce
(würzig)
(Abbildung Seite 240)

3 Zwiebeln
3 EL Olivenöl
300 g Fleischtomaten
1 EL Tomatenmark

½ TL Honig
1 Msp scharfer Paprika
Kräutersalz
Pfeffer aus der Mühle

Zwiebeln schälen, in Achtel schneiden und in Olivenöl andünsten.
Tomaten mit heißem Wasser brühen, häuten, mit einem Löffel das Kerngehäuse herausnehmen. Dieses durch ein Sieb streichen und den gewonnenen Tomatensaft zu den Zwiebeln geben. Das Tomatenfleisch in 1-cm-Spalten schneiden. 2 EL davon dazugeben und ca. 20 Minuten mitschmurgeln lassen.
Mit Tomatenmark und den übrigen Gewürzen kräftig abschmecken.
Geben Sie die restlichen Tomatenspalten dazu und lassen Sie sie noch 1—2 Minuten mitziehen.

Mit entsteinten schwarzen Oliven, Oregano, Thymian und 1 Zitronenscheibe in Stücke geschnitten, haben Sie eine wunderbare Ergänzung zu Ihren hausgemachten Nudeln.

Béchamelsauce für Lasagne

5 EL Weizen
1 Zwiebel
2 EL Öl
1 l Milch

Kräutersalz
Muskatnuß
1 TL Butter
gekörnte Gemüsebrühe

Sie mahlen den Weizen ganz frisch und fein. Mehl ohne Fett in einer Pfanne rösten. Wenn das Mehl anfängt, angenehm zu duften — (es darf keine Farbe annehmen) — stellen Sie es zur Seite und lassen es abkühlen.
Zwiebel schälen, in feinste Würfelchen schneiden und in heißem Öl glasig dünsten.
Zwiebel mit ¼ l Milch und Mehl in einen Mixer geben und aufschlagen.
Alles zusammen in einen Topf geben und unter Rühren vorsichtig einmal aufkochen.
Mit Kräutersalz, Muskatnuß, Pfeffer, Butter und gekörnter Gemüsebrühe abschmecken.

Olivensauce

10 schwarze Oliven

1 TL Oregano, wenn möglich frisch

Sie nehmen eine Tomatensauce (S. 270/271).
Oliven entkernen und in kleine Stücke schneiden, Oreganoblättchen hineinzupfen. Mit der Sauce 5 Minuten köcheln lassen.

Im Prinzip plädieren wir nicht für mehlige, dick-sämige Saucen, doch bei manchen Gerichten kommen wir nicht drumherum, da brauchen wir sie ganz einfach.

Vanillesauce I

Sie bereiten eine Béchamelsauce zu, nehmen statt 5 EL nur 2—3 EL Mehl und lassen die salzigen Zutaten weg. Die fertige Sauce süßen Sie mit Honig und Vanille.

Und so können Sie die Sauce verfeinern:

1—2 Eigelb mit Honig hell-cremig schlagen, unter die heiße Sauce geben. Unter ständigem Rühren einmal aufpuffen lassen. Sofort zur Seite stellen.

Vanillesauce II

¼ l Rahm
¼ l Milch
1 Vanilleschote

1 Msp Vollmeersalz
4 Eigelb
1 EL Honig

Diese feine Sauce bereiten Sie so zu:

Rahm, Milch, aufgeschlitzte Vanilleschote und Vollmeersalz einmal aufkochen.
Eigelb und Honig hell-cremig schlagen und unter ständigem Rühren mit einem Schneebesen einmal aufpuffen lassen. Schnell vom Feuer nehmen.
Vanilleschote aus der fertigen Sauce nehmen und sofort servieren.

Schokoladensauce

Wenn Sie diesen Saucen 1 EL Kakao oder Carob hinzufügen, haben Sie eine Schokoladensauce.

Zitronenrahmsauce

(Abbildung Seite 240)

für Ungeduldige

¼ l süßer Rahm
½ Zitrone
⅛ l Gemüsefond
1 TL Pfeilwurzmehl

1 Msp Honig
Kräutersalz
wenig weißer Pfeffer

Alle Zutaten auf einmal im Mixer kurz aufschlagen. In einem flachen Topf unter Rühren bis kurz vor den Siedepunkt bringen. Sofort von der Kochstelle nehmen und servieren.

für dieselben

anstatt mit Pfeilwurzmehl mit 2 Eigelb.

für Kenner,

denen der Geschmack einige Minuten Aufwand wert ist

1 Zwiebel
Petersilienstengel
⅛ l Gemüsefond
Saft von ½ Zitrone
⅛ l süßer Rahm

1 EL Butter, eiskalt
½ Msp Honig
Kräutersalz
wenig weißer Pfeffer

Zwiebel schälen, fein schneiden und mit Gemüsefond und Zitronensaft aufkochen, ca. 20 Minuten reduzieren. Durch ein Sieb streichen.
Rahm zugießen, 10 Minuten mitköcheln lassen, Butter in kleinen Stücken zum Binden kurz einschwenken und mit Honig, Kräutersalz und wenig Pfeffer aus der Mühle dezent würzen.

für die Liebhaber cremiger Saucen

Sie nehmen die gleichen Zutaten wie für die vorherige Sauce, verkneten die Butter aber mit ¼ TL ausgesiebtem Vollkornmehl und geben sie in die fertige Flüssigkeit, lassen sie aber noch einmal zum Siedepunkt kommen und würzen dann.

Diese Sauce können Sie jetzt nach Belieben verändern, den Zitronensaft lassen Sie natürlich weg.

Meerrettichsauce
Frisch geriebener Meerrettich.

Knoblauchsauce
½—1 Zehe Knoblauch, mit Kräutersalz sehr fein zerdrückt.

Roquefortsauce
1—2 EL Roquefort, mit einer Gabel fein zerdrückt.

Orangensauce
Saft und Schale von ½ Orange.

Bei diesen 4 Saucen empfiehlt es sich, sie durch ein feines Sieb zu streichen.

Senfsauce
1 EL selbstgemachter Brennesselsenf.

Muskatsauce
½ Muskatnuß, frisch gerieben.

Kümmelsauce
1 EL Kümmel, grob zerstoßen.

Parmesansauce
1 EL sehr fein geriebener Parmesan.

Kerbelsauce
½ Marktbüschel Kerbel, Blättchen fein abgezupft.

Weinsauce
Sie nehmen anstelle von Gemüsefond Weiß- oder Rotwein.

Pilzsauce
1 EL getrocknete Butterpilze, fein pulverisiert.

Koriandersauce
1 TL Koriander, im Mörser gestoßen.

Currysauce
1 EL Curry.

Desserts

Den abschließenden Höhepunkt eines gelungenen Menüs bilden immer jene zauberhaften süßen Sachen, ohne die ein Essen doch eigentlich eine unvollkommene Sache bliebe. Erst eine leichte Creme, eine zarte Mousse, ein kühlendes Sorbet, ein luftiges Soufflé oder ein zartschmelzendes Parfait setzt jenen Glanzpunkt, auf den Genießer mit Recht ungern verzichten. Gerade bei den Desserts kann sich Ihre Fantasie voll entfalten. Folgende Rezepte sollen Sie dabei anregen:

Vanilleeis

$1/4$ l Milch
$1/4$ l süßer Rahm
1 Vanillestange
1 Prise Vollmeersalz

4 Eigelb
Blütenhonig nach Zungentest, erfahrungsgemäß ungefähr 2 EL

Vanillestange der Länge nach aufschlitzen, mit Milch, Rahm und Salz kurz aufkochen und zugedeckt ca. 10 Minuten ziehen lassen.
Inzwischen Eigelb und Honig schaumig schlagen.
Vanilleschote aus der Milch entfernen, Milch unter die Eiermasse mischen und im Kochtopf unter ständigem Rühren erhitzen und dabei leicht eindicken (aber nicht kochen, sonst gerinnen die Eier).
In einer Sorbetière zu Eis frieren.

Vanilleeis schmeckt zu warmem Stachelbeerkuchen (Seite 144), warmem Bananenkuchen (S. 141) oder zum Bratapfel. Sie könnten es auch auf ein Fruchtmus (Anregungen S. 122) setzen ...

Dieses Rahmeis-Grundrezept ist Basis für viele Varianten, z. B.:

Waldhonigeis

Sie lassen die Vanillestange weg und ersetzen den Blütenhonig durch einen würzigen Waldhonig.
Hierzu passen frische Waldbeeren.

Erdbeer-Rahmeis

250 g Erdbeeren waschen. Blüten abnehmen. Einige besonders schöne Erdbeeren zum Garnieren zurückbehalten. Den Rest im Mixer mit Blütenhonig je nach Fruchtsüße pürieren, durch ein feines Sieb streichen. Unter die kalte Eiermilch mischen und in der Sorbetière zu Eis gefrieren.

Anstelle der Erdbeeren können Sie jede andere Frucht ins Rahmeis einarbeiten, z. B. Aprikosen, Pfirsiche, Himbeeren ...

Wer keine Sorbètiere besitzt, kann sich auf luftige Parfaits verlegen (s. auch S. 279—281).

Krokanteis

Verfahren Sie exakt wie beim Vanilleeis und lassen es in der Sorbetière halbfest gefrieren. Erst dann mischen Sie ein wenig gestoßenen Krokant (S. 88) unter und lassen es zu Eis gefrieren.

Zimteis
(Abbildung Seite 128)

Anstelle von Vanille nehmen Sie frisch pulverisierten Zimt (Vorsicht: nicht zu viel).

Hierzu schmecken warme Rahmäpfel (Seite 285) oder Zwetschgenröster mit einem Schuß Rotwein (S. 284).

Auf ähnliche Weise können Sie *Frucht-Rahm-Eis* zubereiten:
Verfahren Sie exakt wie beim Vanilleeis, lassen aber die Vanilleschote weg. Eiermilchmasse kalt stellen.

Apfel-Haselnuß-Parfait

¼ l süßer Rahm
2 Eiweiß
1 EL Blütenhonig
2 Eigelb
1 EL Blütenhonig
100 g Haselnüsse
200 g säuerliche Äpfel

Saft und feingeriebene
Schale von 1 Zitrone
Blütenhonig nach Säuregrad der Äpfel
1—2 EL Calvados
1 Zimtstange (pulverisiert)

Rahm steif schlagen. Eiweiß steif schlagen, Honig unterschlagen, damit der Eischnee geschmeidig wird. Eigelb mit Honig steif schlagen.

Haselnüsse im Ofen auf einem Backblech ohne Fett rösten, abkühlen lassen und in Scheiben schneiden.
Äpfel waschen, Kerngehäuse, Stiel und Blüte entfernen, mit Zitronenschale und -saft und Honig im Mixer pürieren.
Durch ein feines Sieb streichen, mit Calvados und Zimt abschmecken.
Alles luftig unterheben, in eine mit Alufolie ausgelegte Kastenform füllen und im Gefrierfach ungefähr 3 Stunden gefrieren.

Parfait mit Früchten nie zu lange im Gefrierschrank lassen, da es sonst zu fest und hart werden könnte.

Auf diese Weise können Sie auch ein

Zwetschgen-Walnuß-Parfait

herstellen, indem Sie die Walnüsse nur grob zerkleinern, aber nicht rösten und anstelle von Calvados Rum nehmen.

Oder ein

Schokoladen-Nuß-Parfait

Unter die Eigelbmasse etwas Kakao oder Carob, geröstete und grobgehackte Haselnüsse, Eischnee und geschlagener Rahm.

Auch sämtliche unter Rahmeis angegebenen Fruchtvarianten sind möglich. Der Alkohol kann ebenfalls weggelassen werden.

Oder ein

Gewürzparfait

Eischnee, Eigelb-Honig-Masse und geschlagener Rahm wie angegeben; mit etwas geriebener Zitronen- oder Orangenschale, pulverisierter Ingwerwurzel, Nelke, Zimt und wenig Muskatnuß abschmecken.

Haben Sie vielleicht eine frische Kokosnuß zu Hause?

Kokosparfait

Auf ½ l Rahm, 4 Eiweiß, 4 Eigelb und Honig nach Geschmack kommt 1 frischgeriebene Kokosnuß.
Die vorher aufgefangene Kokosmilch in den Rahm einrühren. Das Parfait auf gebratenen Bananen (S. 285) servieren (hierfür die Bananen vor dem Braten in Scheiben schneiden).

Sorbet

Leichte, kühlende Fruchtsorbets sind einfach zuzubereiten. Sie pürieren 650 g der jeweiligen Früchte mit etwas Zitronensaft und Honig nach Zungentest im Mixer. Wer will, würzt mit Minze oder Melisse, gibt einige Tropfen des passenden Alkohols dazu, haucht vielleicht etwas geriebene Ingwerwurzel oder Vanille hinein. Das Püree in der Sorbetière zu einem Sorbet rühren (dauert ca. ½ bis 1 Stunde). Manche Früchte, wie z. B. schwarze Johannisbeeren, geben ein sehr dickes und konzentriertes Mus — dieses kann man durch Zugabe von Wasser verdünnen.

Sorbet von schwarzen Johannisbeeren

Mit wenig Ingwerwurzel und Rum abschmecken, auf Apfelsauce servieren.

Apfelsauce

2 säuerliche Äpfel   Saft von ½ Zitrone
1 EL Blütenhonig

Äpfel waschen, Kerngehäuse, Stiel und Blüte entfernen. 1 Apfel zerkleinern, mit 1 EL Honig und Zitronensaft bei geschlossenem Deckel zu Mus einköcheln lassen. Durch ein Sieb streichen und mit etwas Wasser zu einer Sauce verdünnen. Den anderen Apfel in dünne Spalten schneiden, mit Zitronensaft beträufeln, in Honig und Butter kurz karamelisieren. Auf kalten Tellern die karamelisierten Apfelspalten kreisförmig anordnen, mit der abgekühlten Apfelsauce übergießen und das Sorbet daraufsetzen.

Sorbet von roten Johannisbeeren

Ingwerwurzel mit pochiertem (S. 90) Pfirsich (in Fächer geschnitten) und Schlagrahm servieren.

Erdbeersorbet

Mit Vanille und wenig Cointreau fein abschmecken, mit Sahne und mit Minzblättchen bestreut servieren.

Preiselbeersorbet

braucht relativ viel Honig. 2 Wacholderbeeren im Mörser zerdrücken, 1—2 Stunden in 2 EL Gin mazerieren, abseihen und mit diesem Alkohol das Preiselbeersorbet abschmecken.

Auf Waldhonig-Sabayon mit kleinen Krokantecken (Krokant S. 88) servieren.

Waldhonigsabayon

2 Eigelb
1 knapper EL aromatischer
Waldhonig

¼ l süßer Rahm

Eigelb und Honig schaumig schlagen, im Wasserbad weiterschlagen. Nach einiger Zeit den Rahm zugießen und ca. 10 Minuten weiterschlagen, bis die Masse schaumig ist. Aus dem Wasserbad nehmen und sofort servieren.

Holundersorbet

250 g Holunderbeeren
⅛ l Wasser
⅛ l Rotwein
1 Zimtstange

1 Stück Zitronenschale
Blütenhonig, je nach
Säuregrad des Holunders
(ca. 2 EL)

Alle Zutaten in einem Topf bei geschlossenem Deckel ca. 15 Minuten köcheln lassen.
Mit Honig abrunden.
Flüssigkeit durch ein feines Sieb streichen und in der Sorbetière gefrieren.

Wer keine Sorbetière hat, kann die jeweilige Fruchtmasse auch in eine flache Schüssel füllen, sie ins Eisfach stellen und alle 15—20 Minuten herausnehmen und durchrühren. Diesen Vorgang so oft wiederholen, bis eine schneeähnliche Konsistenz erreicht ist (dauert ca. 1½ Stunden).

Zwetschgenröster

(Abbildung Seite 128)

500 g Zwetschgen   1 EL Honig
1 EL Butter   1 Sternanis

Zwetschgen waschen, entsteinen, Butter und Honig schmelzen, Sternanis dazugeben, die Zwetschgen darin nicht zugedeckt 10 Minuten köcheln lassen.

Heiß zu Zimteis oder Roggenpfannkuchen servieren.

Hollerröster

500 g Holunderbeeren   1 Zimtstange
2 getrocknete Birnen   2 Nelken
5 Zwetschgen, frisch oder 1 Zitrone
gedörrt   1 EL Blütenhonig
1 saurer Apfel   1 EL Rum

Birnen, Apfel und Zwetschgen klein schneiden, mit den Holunderbeeren in eine Tonschale geben.
Zimtstange, Nelken, Saft und Schale der Zitrone dazumischen.
Honig in Rum auflösen und darübergießen. Gut abgedeckt nachts im Keller lassen. Anderntags unter Rühren kurz aufkochen, Zimtstange, Nelken und Zitronenschale entfernen und noch warm servieren.

Rahmäpfel

4 säuerliche Äpfel
Saft von 2 Zitronen
weiche Butter
½ l süßer Rahm
1—2 EL Crème fraîche

Blütenhonig nach Zungentest (ca. 2, höchstens 3 EL)
1 Zimtstange und 3 Nelken
pulverisieren

Äpfel waschen, Kerngehäuse, Stiel und Blüte entfernen.
Fruchtfleisch in dünne Spalten schneiden und sofort mit
Zitronensaft beträufeln.
Auflaufform mit Butter auspinseln, Äpfel schuppenartig
hineinlegen.
Backrohr auf 180°C vorheizen.
Rahm mit Crème fraîche und Honig verquirlen.
Gewürze unterrühren und über die Äpfel gießen.
Im Ofen 20—30 Minuten schmurgeln lassen; falls nötig,
nach einiger Zeit mit Alufolie bedecken, damit die Oberfläche nicht zu dunkel wird.
Noch warm servieren.

Gebratene Bananen

4 Bananen
2 EL Butter
2 Orangen
1 Zitrone

1 TL Honig
1 EL Orangenlikör (kann
auch weggelassen
werden)

Bananen schälen, der Länge nach halbieren.
1 EL Butter schmelzen, Bananen von beiden Seiten kurz
goldgelb anbraten. Bananen vorsichtig herausheben und
warm stellen.
Restliche Butter in der Pfanne schmelzen. Orangen hauchdünn abschälen und Schalen in feinste Streifchen schnei-

den. Orangen und Zitrone auspressen, Saft und Honig zur Butter geben und einköcheln lassen. Jetzt können Sie auch den Orangenlikör und die Schalenstreifen dazugeben.
Auf die Hälfte reduzieren.
Die fertige Sauce über die Bananen gießen.

Mit Kokosparfait (S. 281) servieren.

Rotweinbirnen

4 Birnen
¼ l Rotwein
¼ l süßer Rahm
1 Vanilleschote
dünn abgeschälte Schale
von 1 Zitrone

4 Eigelb
2 EL Blütenhonig, evtl.
weniger (je nach Süße der Birnen)

Birnen schälen, halbieren, Stiel und Kerngehäuse entfernen und nebeneinander auf den Boden eines großen Topfes setzen.
Rahm und Rotwein mischen und sofort über die Birnen gießen. Aufgeschlitzte Vanilleschote und Zitronenschale dazugeben.
Je nach Beschaffenheit der Birnen leise simmern oder nur auf kleinster Flamme ziehen lassen.
Birnenhälften herausnehmen und in hübsche Schalen legen.
Eigelb mit Honig schaumig schlagen, in das Rahm-Wein-Gemisch rühren und kurz vors Kochen bringen (dabei immer weiter rühren).
Wenn die Sauce leicht eingedickt hat, vom Feuer nehmen, durch ein feines Sieb streichen und noch warm über die Birnen schöpfen; sofort servieren.

Grundrezept
für Pfannkuchenteig

½ l Flüssigkeit: ¼ l Wasser
und ¼ l Milch oder
½ l Milch
125 g Weizen, sehr fein
gemahlen

4 Eier
1 Msp Vollmeersalz
½ TL Honig

Flüssigkeit mit Mehl, Salz und Honig 30 Minuten quellen lassen. Erst jetzt die Eier zufügen, da sonst der Teig leicht »zäh« wird.
Den Teig mit einem Schneebesen kurz durchschlagen.
In einer Pfanne mit heißem Öl dünne Pfannkuchen bakken.
Für Holunderblütenpfannkuchen oder Apfelkücherl die doppelte Mehlmenge nehmen, also 250 g.

Holunderblüten-Pfannkuchen

8 Holunderblütendolden ⅛ l Öl
1 Rezept Pfannkuchenteig

Holunderblüten waschen, auf einem Küchentuch gut abtropfen lassen. Stiele sehr kurz abschneiden.
Öl in einer Pfanne erhitzen. ⅛ des Teiges in die Pfanne geben und 1 Holunderblüte in den Teig drücken. Pfannkuchen von beiden Seiten goldbraun backen.
Mit zähflüssigem Tannenhonig Fäden über den Pfannkuchen ziehen und heiß servieren.

Auch könnten Sie Vanilleeis (S. 277) dazu reichen.

Rote Grütze

500 g rote Johannisbeeren
200 g schwarze Johannis-
beeren
300 g reife Pfirsiche
⅛ l Weißwein
⅛ l Wasser
1 Vanilleschote
3 TL Pfeilwurzmehl
1 EL Honig

Johannisbeeren waschen und von den Stengelchen streifen.
Pfirsiche abreiben, entkernen und in Spalten schneiden.
In einem Topf Wein, Wasser und aufgeschlitzte Vanilleschote aufkochen, Beeren und Pfirsichspalten dazugeben und 3—5 Minuten kochen lassen.
Pfeilwurzmehl mit Wasser klümpchenfrei anrühren, in
die Grütze geben, einmal aufkochen. Von der Kochstelle nehmen, mit Honig süßen, Vanilleschote herausnehmen. Gut macht es sich, wenn Sie einen Teil der Früchte
herausnehmen und im Mixer zerkleinern und wieder zur
Grütze geben.

*Dazu paßt eine feine Vanillesauce (S. 273) oder ungesüß-
ter, halb steif geschlagener Rahm.*

Walderdbeersuppe

500 g Walderdbeeren
1 EL Honig
2 EL Rum
2 Scheiben Schwarzbrot
1 Vanilleschote
1 TL Roggen
½ l süßer Rahm

*Erdbeeren auf keinen Fall waschen, sie verlieren sonst ihr
feines Aroma.*

*Bandnudeln und Südtiroler Schlutzkrapfen ▷
(Rezepte S. 217 und 221)*

Die Beeren in eine Schüssel aus Glas oder Porzellan geben. Honig und Rum darüberträufeln und gut abgedeckt über Nacht kühl stellen.
Am nächsten Tag kleine Schwarzbrotwürfel in einer Lage darüberstreuen.
Vanilleschote klein schneiden, mit Roggen im elektrischen Schlagwerk fein pulverisieren.
Rahm steif schlagen, auf die Erdbeeren schütten, Vanille mit einem feinen Sieb darüberstäuben.

Tapioka-Rahmspeise mit Schwarzkirschen

100 g Tapioka
½ l Milch
1 Msp Vollmeersalz
1 Vanilleschote

1 EL Honig
¼ l süßer Rahm
250 g Schwarzkirschen

Tapioka, Milch, Salz und die aufgeschlitzte Vanilleschote in einen großen Topf geben, unter Rühren vorsichtig erhitzen. Bei sanfter Wärmezufuhr 30—40 Minuten quellen lassen. Vanilleschote entfernen. Die Tapiokamasse auf lauwarm abkühlen lassen. Honig einrühren, Rahm steif schlagen.
Kirschen waschen, mit einem Küchentuch trocknen, entkernen und mit dem Rahm locker unterheben.
Noch lauwarm, wenn der Rahm sanft schmilzt, genießen.

◁ *Roggenspätzle mit Gemüse* (Rezept S. 226)

Germknödel

Für den Hefeteig:
500 g Weizen
¼ l Milch
1 TL Honig
30 g Hefe
100 g Butter
½ Zitrone
1 Msp Vollmeersalz
4 Eigelb

Für die Füllung:
250 g Zwetschgen
1 EL Honig
1 Sternanis
Streumehl

Außerdem:
1 l Wasser
125 g Butter
50 g Mohn

Weizen sehr fein mahlen.

Milch und Honig leicht erwärmen, Hefe darin auflösen, mit etwas Mehl einen Vorteig anrühren. 10 Minuten gehen lassen.

Butter schmelzen, Zitronenschale fein reiben, Salz im Mörser zerstoßen, mit Eigelb zu Mehl und Hefe geben.

Alle Zutaten verrühren und so lange kneten, bis der Teig Blasen wirft. 20 Minuten ruhen lassen.

Zwetschgen, Honig und Sternanis 20 Minuten köcheln lassen, dann Sternanis herausnehmen.

Den Hefeteig auf einem bemehlten Backbrett 1 cm dick ausrollen. In 5 cm breite und 8 cm lange Stücke schneiden. In die Mitte jedes Rechteckes 1 TL Zwetschgenmus setzen. Ränder längsseitig einschlagen, die Teigstücke aufrollen, 30 Minuten zugedeckt ruhen lassen.

Wasser in einem 3-l-Topf zum Kochen bringen. Ein Küchentuch über den Topf spannen und etwas unter dem Rand mit einem Bindfaden festbinden.

Streumehl auf das Tuch geben, Germknödel nicht zu dicht darauf setzen. Eine Schüssel darüberstülpen *(am besten aus Glas, Sie können die Knödel dann gut beobachten),* so daß kein Dampf entweichen kann. Die Schüs-

sel sollte so groß sein, daß sie im Idealfall auf dem Rand des Topfes umgekehrt stehen kann. Ca. 15—20 Minuten garen.
Die gegarten Knödel auf eine vorgewärmte Platte geben. Butter schmelzen, über die Knödel gießen. Mohn mit der Mohnmühle quetschen, darüberstreuen.

Mit Vanillesauce (S. 273) servieren.

Orangensavarin

150 g Butter
180 g Honig
6 Eigelb
2 Orangen
Butter und Streumehl
250 g Weizen
6 Eiweiß
1 Msp Vollmeersalz

1 Orange
1 EL Honig
1 EL Cointreau
½ l süßer Rahm
200 g frische oder tiefgekühlte Himbeeren
1 EL Pistazien
1 EL Orangenblütenhonig

Butter schaumig rühren, Honig und Eigelb nach und nach zugeben und unterschlagen.
Orangenschalen fein abreiben, Orangen entsaften, in kleinen Portionen dazugeben.
Savarin- oder Reisrandform mit weicher Butter ausstreichen, mit Mehl ausstäuben.
Backrohr auf 200°C vorheizen.
Weizen sehr fein mahlen. Salz im Mörser zerstoßen. Eiweiß mit Vollmeersalz sehr steif schlagen. Alle Zutaten locker unterheben und in die Savarinform füllen.
Bei 200°C ca. 20—30 Minuten backen.
Orange entsaften, mit Honig und Cointreau mixen, durch ein feines Sieb gießen.

Den noch warmen Savarin in der Form mit einer Gabel mehrmals einstechen und mit dem Saft tränken.
1 Stunde stehenlassen, auf eine Kuchenplatte stürzen.
Rahm steif schlagen, in die Mitte des Savarins geben, Himbeeren darüber verteilen und Pistazien dazwischenstreuen. Mit Himbeerblättern verzieren. Orangenblütenhonig in Fäden darüberziehen.

Varianten:

Sie nehmen anstelle von Himbeeren und Pistazien Rumfrüchte und Walnüsse (frische Schälnüsse),
oder die ersten Erdbeeren und streuen kleine zarte Holunderblüten dazwischen,
oder schwarze und rote Johannisbeeren, dazwischen Rosenblütenblätter,
oder Datteln, in Stücke geschnitten und in Scheiben geschnittene geröstete Mandeln.

Bonbons und Pralinen

(Abbildung Seite 81)

Ja, Sie haben richtig gelesen: Bonbons und Pralinen! Und zwar von der Sorte, wie sie weder die Gesundheit noch die Figur ruinieren.
Es werden nämlich nur die allerfeinsten und hochwertigsten Zutaten dafür verwendet, die, sinnvoll miteinander verbunden, alle Schleckermäuler — und solche, die es werden wollen — begeistern.

Grundrezept Marzipan

200 g Mandeln *1 EL Rosenwasser*
100 g Honig

Für feines helles Marzipan werden die Mandeln erst in heißem Wasser gebrüht und abgeschält. Die jetzt feuchten Mandeln werden bei 100°C im Backrohr ca. 30 Minuten getrocknet und dann abgekühlt.
Jetzt erst können Sie das Marzipan zubereiten: Die Mandeln im elektrischen Schlagwerk sehr, sehr fein zerschlagen, Honig und Rosenwasser dazugeben und so lange schlagen, bis eine speckig-glänzende homogene Masse entstanden ist. *Das Mandelöl ist unser Emulgator.*
Sie können diesem Grundrezept verschiedene Geschmacksrichtungen geben. Ersetzen Sie Rosenwasser

durch Rum oder Zitronensaft oder Rahm und Vanille oder Rahm und Zimt oder Rahm und Ingwer oder Rahm und Kakao oder in Rum eingelegte Rosinen.
Oder nehmen Sie anstelle von Mandeln feingeriebene Haselnüsse oder feingeriebene Walnüsse oder feingeriebenen Sesam.

Sesamschnitten (Halva)

200 g Sesam *50 g Sesam*
100 g Honig

200 g Sesam im Backrohr bei 180°C 5 Minuten rösten, abkühlen lassen. Mit elektrischem Schlagwerk zerkleinern, Honig zugeben und mitschlagen, bis die Masse homogen geworden ist.
50 g Sesam auf eine Marmorplatte streuen. Halva mit einem Nudelholz 1,5 cm dick ausrollen, in Würfel von ½ cm Seitenlänge schneiden, in Sesam eindrehen.

Dattelschiffchen

200 g Datteln *2 TL Kakao oder Carob*
100 g Butter *2 TL löslicher Kaffee*
100 g Honig *2 EL heißes Wasser*
200 g Mandeln

Datteln halbieren und entsteinen.
Butter schaumig rühren, Honig dazugeben und hell-cremig schlagen.
Mandeln in heißem Wasser brühen, häuten, bei 100°C ca. 30 Minuten im Rohr trocknen. Abgekühlt sehr fein reiben.

Kakao, Kaffee und Wasser verrühren, mit den Mandeln zur Butter-Honig-Masse geben.
Mit einem Spritzbeutel in die halbierten Datteln füllen.
Mit halbierten abgezogenen Mandeln verzieren.

Zimtherzen

2 Stangen Zimt *120 g Honig*
1 TL Weizen *3 EL süßer Rahm*
200 g Mandeln

Zimt mit Weizen im elektrischen Schlagwerk fein pulverisieren.
Mandeln in heißem Wasser brühen, häuten, bei 100°C im Backrohr ca. 30 Minuten trocknen, abkühlen lassen.
Mandeln ins Schlagwerk geben, sehr fein reiben, Honig und Rahm dazugeben, zu einer homogenen Masse schlagen.
Auf einer Marmorplatte Marzipan 1,5 cm dick ausrollen, kleine Herzchen ausstechen.

Ingwerkugeln

1 Ingwerwurzel *3 EL süßer Rahm*
1 TL Weizen *1 EL feingeriebene*
200 g Mandeln *Mandeln*
120 g Honig *250 g unglacierte Datteln*

Ingwerwurzel mit Weizen im elektrischen Schlagwerk pulverisieren. Mandeln in heißem Wasser brühen, häuten und bei 100°C ca. 30 Minuten im Backrohr trocknen,

abkühlen lassen, ins Schlagwerk geben und feinstens mit dem Ingwer mahlen.
Honig und Rahm dazugeben und zu einer homogenen Masse schlagen.
Mandelförmige Pralinen formen, in feingeriebenen Mandeln wälzen und in halbierte Datteln legen.

Kokoswürfel

150 g Kokosflocken
100 g Honig

2 EL Batida de Coco
oder 2 EL süßer Rahm
50 g Kokosflocken

Flocken mit elektrischem Schlagwerk sehr fein reiben, Honig und Batida de Coco oder Rahm dazugeben, gut durchkneten und 1,5 cm große Würfel formen.
Kokosflocken fein reiben und Würfel darin wälzen.

Schoko-Kokos-Würfel

130 g Kokosflocken
30 g Kakao
100 g Honig

2 EL süßer Rahm
50 g Kokosflocken

Flocken mit elektrischem Schlagwerk sehr fein reiben, Kakao, Rahm und Honig dazugeben, durchrühren.
1,5 cm große Würfel formen, Kokosflocken fein reiben, Würfel darin wälzen.

Rumkugeln

200 g süße Mandeln *4 EL Rum*
100 g Honig *1 EL Kakao*

Mandeln in heißem Wasser brühen, abgießen, häuten. Auf einem Backblech bei 100 °C ca. 30 Minuten im Backrohr trocknen, abkühlen lassen. Im elektrischen Schlagwerk sehr fein reiben, Honig und Rum zugeben und gut durchmixen, bis eine speckige homogene Masse entstanden ist.
Kugeln mit 1,5 cm Ø drehen, in Kakao wälzen.

Frischkostpralinen

Für 30 Pralinen: *100 g Mandeln*
½ Vanillestange *50 g Honig*
½ TL Weizen *30 Himbeeren*

Vanillestange klein schneiden, mit Weizen im Schlagwerk sehr fein pulverisieren.
Mandeln im heißen Wasser brühen, häuten und bei 100 °C ca. 30 Minuten im Backrohr trocknen. 15 Mandeln beiseite stellen.
Die Mandeln zur Vanille geben, sehr fein reiben, Honig dazugeben und mitschlagen, bis der Teig speckig und homogen ist. Eine Rolle formen, kleine Stücke abschneiden, Kugeln drehen, mit dem Zeigefinger in jede Kugel eine Vertiefung drücken und diese mit einer Himbeere füllen.
In jede Himbeere eine Mandelhälfte stecken.

Rum-Rosinen-Ecken

1 EL Rosinen
2 EL Rum
200 g Mandeln

100 g Honig
1 EL Pistazien

Rosinen über Nacht in Rum einweichen.
Mandeln in heißem Wasser brühen, abgießen, häuten.
Bei 100°C im Backrohr ca. 30 Minuten trocknen. Mandeln in einem elektrischen Schlagwerk sehr fein reiben.
Honig und Rumrosinen dazugeben und zu einer homogenen Masse verschlagen.
Auf einer Marmorplatte 1,5 cm dick ausrollen, kleine Dreiecke von 1,5 cm Seitenlänge schneiden.
Pistazien halbieren und V-förmig in die Mitte der Ecken drücken.

Butterkaramellen

4 EL Butter
4 EL Honig

Beide Zutaten langsam schmelzen, 10—15 Minuten unter gelegentlichem Umrühren reduzieren.
Einen tiefen Teller ausbuttern, Karamelmasse einfüllen und etwas abkühlen lassen.
Butterbrotpapier gut mit Butter einstreichen; die noch leicht warme Karamelmasse einfüllen und zu einer Rolle drehen.
Abgekühlt in Bonbons schneiden und in Cellophan einwickeln.

Fruchtschnitten

100 g Butter
100 g Honig
1 Zimtstange
2 Nelken
1 Zacken Sternanis
100 g Weizen

100 g getrocknete entsteinte Pflaumen
100 g getrocknete entsteinte Aprikosen
100 g Walnußkerne
4 eckige Oblaten

Butter schaumig rühren, Honig unterrühren. Weizen grob mahlen, Gewürze pulverisieren und in einer Pfanne ohne Fett dextrinieren, abkühlen.
Pflaumen und Aprikosen sehr klein schneiden.
Walnüsse mit der Hand zerdrücken und alle Zutaten miteinander verkneten.
Zwischen Oblatenblättern die Fruchtmasse ca. 1 cm hoch verstreichen und in 7 × 2 cm Streifen schneiden.

Menü-Vorschläge

Klare Gemüsesuppe mit Julienne 200
Polenta mit Bohnen italienisch ... 261
Erdbeersorbet 282

Rosenkohl-Samtsuppe 206
Kartoffel-Käse-Torte 252
Zwetschgenröster mit Zimteis ... 282/279

Tomatensuppe 204
**Roggenspätzle mit Apfelsauer-
  kraut** 227/267
Rahmäpfel 285

Legierte Kopfsalatsuppe 202
**Sellerieschnitzel und warmer
  Kartoffelsalat** 260/256
Rote Grütze 288

Kerbelsuppe 200
Soufflé mit Brennesselspitzen 212
**Karamelkartoffeln und
  Zucchini in Leinsamensauce** ... 250/265
Holunderblütenpfannkuchen 287

Petersiliensuppe 200
Lauwarmer Zitronensellerie 214
**Grünkernknödel mit Kapern-
  sauce und Butterbohnen** 230/261
Theas Apfelkuchen 128

Menü-Vorschläge

Linsentopf 257
**Tapioka-Rahmspeise mit
    Schwarzkirschen** 289

Hirse-Brennesselsuppe 207
Krautfleckerl 263
Rotweinbirnen 286

Spinat-Cremesuppe 204
**Hirsenockerl mit Zucchini in
    Leinsamensuppe** 240/265
Hollerröster 284

Kartoffel-Cremesuppe 206
Germknödel mit Vanillesauce 290/273

Sellerie-Cremesuppe 204
Krautwuzerl mit Apfelsauerkraut 253/267
Zwetschgen-Walnuß-Parfait 280

Klare Gemüsesuppe mit Eierstich 199
Tomatenreis 233
Kokosparfait 281

Für Eilige ...

Folgende Gerichte sind besonders einfach herzustellen, verlangen wenig Aufwand und sind somit besonders für jene geeignet, die nicht täglich soviel Zeit aufbringen können, ein umfangreiches Menü zu kochen, aber dennoch nach diesen Rezepten gesund und gut essen wollen.

Nudeln mit Sommergemüse 218

Spätzle 226

Tomatenreis 233

Spinatreis 234

Hirseschnitten 239

Hirse-Apfel-Auflauf 240

Roggen-Thymian-Pfannkuchen .. 242

Nuß-Hafer-Kuchen 243

Maisauflauf 244

Buchweizenknödel 245

Karamelkartoffeln 250

Walnußkartoffeln 250

Kräuter-Sesam-Kartoffeln 251

Kartoffelauflauf 253

Linsentopf 257

Honigkarotten 262
Paprikatopf 264
Krautfleckerl 263
Süßsaures Blaukraut 264
Apfelsauerkraut 267
Lauch-Rahm-Gemüse 259
Zucchini in Leinsamensauce 265
Geschmolzene Tomaten 266
Sämtliche Sorbets 281
Zwetschgenröster 284
Hollerröster 284
Rahmäpfel 285
Gebratene Bananen 285
Rote Grütze 288
Walderdbeersuppe 288
Tapioka-Rahmspeise 289
Südtiroler Weinsuppe 201
Butterpilzflan 215

Alphabetisches Rezeptregister

A

Apfel-Haselnuß-Parfait 279
Apfelkuchen, »Theas« 128
Apfel-Meerrettichbutter 119
Apfelsauce 282
Apfelsauerkraut 267
Apfelschnitten mit Sauerrahmguß 161
Apfelstrudel 223
Aprikosenkuchen 144
Aprikosenmarmelade 122
Aprikosentörtchen mit Rahmguß 178
Auberginen, türkische 211

B

Bananen, gebratene 285
Bananenkuchen 141
Bananen-Nuß-Kuchen, amerikanischer 143
Basilikum in Olivenöl 87
Basilikumbutter 119
Bauernbrot 171
Béchamelsauce 272
Birnen-Holunder-Schnitten mit Baiserhaube 162
Biskuit, Grundrezept 130
Biskuitroulade 135
Biskuitschnitten, kleine 139
Blätterteig, Grundrezept 175
Blätterteigcanapés 179

Blätterteigpastetchen mit Waldpilzen 177
Blaukraut, süßsaures 264
Blumenkohl mit Currysauce oder Zitronenrahmsauce 261
Bohnen italienisch 261
– mit Schnittlauch-Eier-Sauce 262
Bohnenstrudel 225
Brandteig, Grundrezept 148
Brandteigkuchen 149
Brennesselbrot 157
Broccolistrudel 225
Broccoliterrine 213
Buchweizen, Grundrezept 245
Buchweizengrütze 114
Buchweizen-Haselnuß-Torte 132
Buchweizenroulade, gefüllt mit Butterpilzen 246
Buchweizensemmeln 181
Buchweizenspatzeln mit Spinat oder Brennesselspitzen 248
Buchweizensuppe mit Waldpilzen 208
Butter, köstliche 118—120
Butterkaramellen 298
Butterpilze, gefüllt in eine Buchweizenroulade 246

C

Caramel-Krokant 88
Champignonbutter 118

Champignontaschen 165
Currysauce 276

D

Dattelschiffchen 294
Dinkel, Grundrezept 230
Dinkel-Nuß-Laibchen 231

E

Eigelbsauce 192
Erdbeer-Rahmeis 278
Erdbeersorbet 282
Estragonvinaigrette 193

F

Flan mit frischen und getrockneten Butterpilzen 215
Frischkostpralinen 297
Fruchtschnitten 299
Frühstückstee 95, 96

G

Gemüsefond, Grundrezept 198
Gemüsesülzchen 210
Gemüsesuppe, klare 203
–, –, mit Brandteigblümchen 199
–, –, mit Eierstich 199
–, –, mit Gemüse-Julienne 200
Germknödel 290
Gerste, Grundrezept 236
Gerstenfladen 180
Gerstenschnitten, gefüllte, gratinierte, mit Pilzsauce 237
Gewürzkuchen 147
Gewürzparfait 281
Grünkern, Grundrezept 299
Grünkernknödel 230
Gurkensuppe, bulgarische 209
Gute-Nacht-Tee 97, 98

H

Hafer, Grundrezept 242
Haferbrot 180
Halva 294
Haselnußlaiberl 155
Hefegrundteig 150
Himbeerbutter 120
Hirse, Grundrezept 238
Hirse-Apfel-Auflauf, süßer 240
Hirsebrei mit Zwetschgenröster 116
Hirse-Brennessel-Suppe 207
Hirsenockerl 240
Hirseschnitten 239
Hollerröster 284
Holunderblüten-Pfannkuchen 287
Holundersorbet 283
Honigkarotten mit Brennesselspitzen 262

I

Ingwerkugeln 295

K

Käse-Brennessel-Brioche 168
Käse-Kümmel-Stangerl 156
Käsestangen 175
Käsewähe 127
Karamelkartoffeln 250
Karotten-Cremesuppe 205
Karotten-Flan 216
Kartoffelauflauf 253
Kartoffel-Cremesuppe 206
Kartoffel-Honig-Torte 252
Kartoffel-Käse-Torte 252
Kartoffelsalat 196
–, warmer 256
Kastanienroulade »Alexander« 138
Keime 77
Kerbelbutter 119
Kerbelsauce 275
Kerbelsuppe 200
Kirschkuchen 142
Knoblauchcroûtons 202
Knoblauchsauce 275
Kokosparfait 281
Kokoswürfel 296
Kopfsalatsuppe, legierte 202
Koriandersauce 276
Kräuter-Sesam-Butter 251
Kräuter-Sesam-Kartoffeln 251
Kräutertee 93—99
Krautfleckerl 263
Krautwuzerl 253
Krokant 88
Krokanteis 279
Kümmelfladen 167
Kümmelsauce 275
Kümmelspätzle 227

L

Lasagne 219
Lauch-Rahm-Gemüse 259
Lauchsuppe 203
Leinsamenschribben 153
Linsentopf, winterlicher 257
Liptauer 121

M

Mais, Grundrezept 244
Maisauflauf 244
Majoranvinaigrette 195
Mandelbaguette 158
Mandelbutter 120
Mangoldrollen, mit Gerste gefüllte 236
Marmelade aus gestrockneten Feigen 123
Marmorkuchen 140
Marzipan, Grundrezept 293
Marzipan-Bananen-Brot 157
Meerrettichsauce 275
Milch- und Honigbrot 169
Mohnkaisersemmeln 154
Mohntorte, festliche 134
Mürbteig, Grundrezept 126
Müsli, Grundrezept 110
– aus Buchweizen 112
– aus Gerste 111
– aus Hafer 112
– aus Hirse 111
– aus Roggen 112
– aus Weizen 111
– mit Fruchtmus 113
Muffins 182
Muskatsauce 275

N

Napfkuchen »Norbert« 145
Nudeln, Grundrezept 217
– mit Sommergemüse und Parmesansauce 218
Nuß-Hafer-Kuchen, pikanter 243

O

Obatzda 121
Obsttorten mit Biskuitboden 130
Olivenfladen 154
Olivensauce 272
Orangenkuchen 146
Orangensauce 275
Orangensavarin 291
Orangen-Wildreis 235

P

Paprikatopf 264
Parmesanbutter 119
Parmesansauce 275
Petits fours à la Sonnenschlößchen 133
Pfannkuchenteig, Grundrezept 287
Pilzsauce 238, 276
Pizza 163
Plunderteig, dänischer, Grundrezept 173
Plunderteighörnchen 173
Plunderteigstriezel mit Nußfüllung 174
Plunderteigtaschen mit Quarkfüllung 174
Porridge 115
Preiselbeersorbet 283

Q

Quarkblätterteig 177
Quiche 126

R

Rahmäpfel 285
Rahmsauce für Salate 191
– mit Waldpilzen 269
Ravioli 220
Reis, Grundrezept 232
Rhabarberkuchen 144
Roggen, Grundrezept 241
Roggenbrot mit Sauerteig 183
Roggenspätzle 227
Roggen-Thymian-Pfannkuchen 242
Roquefortsauce 275
Rosenkohl-Samtsuppe 206
Rosinenweckerl 153
Rote Grütze 288
Rote-Rüben-Laibchen 255
Rotweinbirnen 286
Rotweinessig 88
Rotweinzwiebeln 268
Rührteig, Grundrezept 140
Rumkugeln 297
Rum-Rosinen-Ecken 298

S

Salate 191—195
Salatsauce, heiße, für Sauerkraut 195
Salbei-Kartoffel-Küchlein 254
Sandkuchen 138
Sauerkirschmarmelade 122
Sauerkrautstrudel 226
Sauerkrauttaschen 165
Sauerteig, Grundansatz 184
Schafkäse, eingelegter 121
Schafskäserollen 155
Schlutzkrapfen, Südtiroler 221
Schoko-Kokos-Würfel 296
Schokoladen-Nuß-Parfait 280
Schokoladensauce 273
Schwarze Johannisbeerbutter 120
Schwarzwurzeln 266
Sellerie-Cremesuppe 204
Sellerieschnitzel 260
Semmeln 151
Senf 91
Senfsauce 275
Sesamring, griechischer 159
Sesamschnitten 294
Sesamsemmeln 152
Sonntags-Frühstücksbrot 170
Sorbet, Grundrezept 281
– von roten Johannisbeeren 282
– von schwarzen Johannisbeeren 282
Soufflé mit Brennesselspitzen 212
Spätzle, Grundrezept 226
–, schwäbische 227
Spargel 267
Spinat-Cremesuppe 204
Spinatreis 234
Spinatroulade 137
Spinatspätzle 227
Spinattaschen 165
Sprossen 77, 78
Stachelbeerkuchen 144
Strudelteig, Grundrezept 222

T

Tapioka-Rahmspeise mit Schwarzkirschen 289
Tarator 209
Tee 93—99
Toastbrot 166
Tomaten, geschmolzene 266
Tomatenbutter 119
Tomaten-Cremesuppe 204
Tomatenreis 233
Tomatensauce, mild-lieblich 270
–, würzig 271
Tomatenvinaigrette 194
Topfenstrudel 224
Tortenboden aus Biskuit, Grundrezept 130

V

Vanilleeis 277
Vanillesauce 273
Vinaigrette mit Rotweinessig 191
Vintschgerl 186

W

Wacholderrahmsauce 193
Walderdbeersuppe 288
Waldhonigeis 278
Waldhonigsabayon 283
Walnußkartoffeln 250
Walnußroggenbrot mit Backferment 187
Weinsauce 276
Weinsuppe, Südtiroler 201
Weißkrautstrudel 226
Wildkräuterbutter 120
Wildreis, Grundrezept 235
Windbeutel 149

Z

Zimteis 279
Zimtherzen 295
Zitronenrahmsauce 274
Zitronenschalen, in Honig eingelegte 123
Zitronensellerie, lauwarmer 214
Zucchini in Leinsamensauce 265
Zwetschgendatschi 160
Zwetschgenmarmelade 122
Zwetschgenröster 284
Zwetschgen-Walnuß-Parfait 280
Zwiebelbrot 158
Zwiebelkuchen 164

Register nach Sachgruppen

ERNÄHRUNGSLEHRE UND GRUNDZUTATEN

Agar-Agar 87
Arrowroot 90
Barleywater 55
Basenbildner 23—28
Basilikum in Olivenöl 87
Buchweizen 70 f.
Butter 17, 30
Caramel-Krokant 88
Carob 88
Dinkel 48 f.
Eiweiß 24 f., 33 f.
Essig 88
Fett 17, 29—32
Frühstückstee 95 f.
Gemüse 72—76
Gerste 54—56
Getreide 16, 17, 41—45
– einweichen 42, 108
Gute-Nacht-Tee 97 f.
Grünkern 50
Hafer 63—65
Harnsäure 25 f.
Hirse 57—60
Honig 17, 38, 89
Kartoffeln 79—81
Kartoffelsaft 80
Keime 42 f., 77 f.
Knoblauch 90
Kräutertee 93—99
Krokant 88
Mais 66 f.
Milch 35—37
Nüsse 30—32

Obst 72—76
Öl 30
Olivenöl 30
Orotsäure 37
Pasteurisieren 16 f., 37
Pfeilwurzmehl 90
pH-Wert 23
Phytin 42, 108
Rahm 17
Reis 51—53
Roggen 61 f.
Rohe Nahrung 17, 72
Rotweinessig 88
Säurenbildner 23—28
Salate 72—76
Salz 39 f.
Schafmilch 37
Senf 91
Sprossen 77, 78
Tee 93—99
Trockenpilze 92
Umstellungszeit 18 f.
Weizen 46 f.
Wildpflanzen 75
Wildreis 68 f.
Zucker 17, 38

MÜSLI

Buchweizengrütze 114
Hirsebrei mit Zwetschgenröster 116
Müsli, Grundrezept 110
– aus Buchweizen 112
– aus Gerste 111

- aus Hafer 112
- aus Hirse 111
- aus Roggen 112
- aus Weizen 111
- mit Fruchtmus 113

Porridge 115

BROTAUFSTRICHE UND ROH-GERÜHRTE MARMELADEN

Apfel-Meerrettichbutter 119
Aprikosenmarmelade 122
Basilikumbutter 119
Butter, köstliche 118—120
Champignonbutter 118
Himbeerbutter 120
Kerbelbutter 119
Liptauer 121
Mandelbutter 120
Marmelade aus getrockneten Feigen 123
Obatzda 121
Parmesanbutter 119
Sauerkirschmarmelade 122
Schafskäse, eingelegter 121
Schwarze Johannisbeerbutter 120
Tomatenbutter 119
Wildkräuterbutter 120
Zitronenschalen, in Honig eingelegte 123
Zwetschgenmarmelade 122

KUCHEN UND BROT

Apfelkuchen, »Theas« 128
Apfelschnitten mit Sauerrahmguß 161
Aprikosenkuchen 144
Aprikosentörtchen mit Rahmguß 178
Bananenkuchen 141
Bananen-Nuß-Kuchen, amerikanischer 143
Bauernbrot 171
Birnen-Holunder-Schnitten mit Baiserhaube 162
Biskuit, Grundrezept 130
Biskuitroulade 135
Biskuitschnitten, kleine 139
Blätterteig, Grundrezept 175
Blätterteigcanapés 179
Blätterteigpastetchen mit Waldpilzen 177
Brandteig, Grundrezept 148
Brandteigkuchen 149
Brennesselbrot 157
Buchweizen-Haselnuß-Torte 132
Buchweizensemmeln 181
Champignontaschen 165
Gerstenfladen 180
Gewürzkuchen 147
Haferbrot 180
Haselnußlaiberl 155
Hefegrundteig 150
Käse-Brennessel-Brioche 168
Käse-Kümmel-Stangerl 156
Käsestangen 175
Käsewähe 127
Kastanienroulade »Alexander« 138
Kirschkuchen 142
Kümmelfladen 167
Leinsamenschribben 153
Mandelbaguette 158
Marmorkuchen 140

Marzipan-Bananen-Brot 157
Milch- und Honigbrot 169
Mohnkaisersemmeln 154
Mohntorte, festliche 134
Mürbteig, Grundrezept 126
Muffins 182
Napfkuchen »Norbert« 145
Obsttorten mit Biskuitboden 130
Olivenfladen 154
Orangenkuchen 146
Petits fours à la Sonnenschlößchen 133
Pizza 163
Plunderteig, dänischer, Grundrezept 173
Plunderteighörnchen 173
Plunderteigstriezel mit Nußfüllung 174
Plunderteigtaschen mit Quarkfüllung 174
Quarkblätterteig 177
Quiche 126
Rhabarberkuchen 144
Roggenbrot mit Sauerteig 183
Rosinenweckerl 153
Rührteig, Grundrezept 140
Sandkuchen 138
Sauerkrauttaschen 165
Sauerteig, Grundansatz 184
Schafskäserollen 155
Semmeln 151
Sesamring, griechischer 159
Sesamsemmeln 152
Sonntags-Frühstücksbrot 170
Spinatroulade 137
Spinattaschen 165
Stachelbeerkuchen 144
Toastbrot 166

Tortenboden aus Biskuit, Grundrezept 130
Vintschgerl 186
Walnußroggenbrot mit Backferment 187
Windbeutel 149
Zwetschgendatschi 160
Zwiebelbrot 158
Zwiebelkuchen 164

SALATE UND SALATSAUCEN

Eigelbsauce 192
Estragonvinaigrette 193
Kartoffelsalat 196
Majoranvinaigrette 195
Rahmsauce 191
Salate 191—195
Salatsauce, heiße, für Sauerkraut 195
Tomatenvinaigrette 194
Vinaigrette mit Rotweinessig 191
Wacholderrahmsauce 193

SUPPEN

Buchweizensuppe mit Waldpilzen 208
Gemüsefond, Grundrezept 198
Gemüsesuppe, klare 203
–, –, mit Brandteigblümchen 199
–, –, mit Eierstich 199
–, –, mit Gemüse-Julienne 200
Gurkensuppe, bulgarische 209
Hirse-Brennessel-Suppe 207
Karotten-Cremesuppe 205
Kartoffel-Cremesuppe 206

Kerbelsuppe 200
Knoblauchcroûtons 202
Kopfsalatsuppe, legierte 202
Lauchsuppe 203
Rosenkohl-Samtsuppe 206
Sellerie-Cremesuppe 204
Spinat-Cremesuppe 204
Tarator 209
Tomaten-Cremesuppe 204
Weinsuppe, Südtiroler 201

VORSPEISEN UND ZWISCHEN-GERICHTE

Auberginen, türkische 211
Broccoliterrine 213
Flan mit frischen und getrockneten Butterpilzen 215
Gemüsesülzchen 210
Karotten-Flan 216
Soufflé mit Brennesselspitzen 212
Zitronensellerie, lauwarmer 214

NUDELN, STRUDEL, SPÄTZLE

Apfelstrudel 223
Bohnenstrudel 225
Broccolistrudel 225
Kümmelspätzle 227
Lasagne 219
Nudeln, Grundrezept 217
– mit Sommergemüse und Parmesansauce 218
Ravioli 220
Roggenspätzle 227
Sauerkrautstrudel 226
Schlutzkrapfen, Südtiroler 221
Spätzle, Grundrezept 226
–, schwäbische 227
Spinatspätzle 227
Strudelteig, Grundrezept 222
Topfenstrudel 224
Weißkrautstrudel 226

GETREIDE- UND KARTOFFEL-GERICHTE

Buchweizen, Grundrezept 245
Buchweizenroulade, gefüllt mit Butterpilzen 246
Buchweizenspatzeln mit Spinat oder Brennesselspitzen 248
Butterpilze gefüllt in eine Buchweizenroulade 246
Dinkel, Grundrezept 230
Dinkel-Nuß-Laibchen 231
Gerste, Grundrezept 236
Gerstenschnitten, gefüllte, gratinierte, mit Pilzsauce 237
Grünkern, Grundrezept 229
Grünkernknödel 230
Hafer, Grundrezept 242
Hirse, Grundrezept 238
Hirse-Apfel-Auflauf, süßer 240
Hirsenockerl 240
Hirseschnitten 239
Karamelkartoffeln 250
Kartoffelauflauf 253
Kartoffel-Honig-Torte 252
Kartoffel-Käse-Torte 252
Kartoffelsalat, warmer 256
Kräuter-Sesam-Butter 251
Kräuter-Sesam-Kartoffeln 251
Krautwuzerl 253
Linsentopf, winterlicher 257
Mais, Grundrezept 244

Maisauflauf 244
Mangoldrollen, mit Gerste gefüllte 236
Nuß-Hafer-Kuchen, pikanter 243
Orangen-Wildreis 235
Pilzsauce 238
Reis, Grundrezept 232
Roggen, Grundrezept 241
Roggen-Thymian-Pfannkuchen 242
Rote-Rüben-Laibchen 255
Salbei-Kartoffel-Küchlein 254
Spinatreis 234
Tomatenreis 233
Walnußkartoffeln 250
Wildreis, Grundrezept 235

FEINE GEMÜSE

Apfelsauerkraut 267
Blaukraut, süßsaures 264
Blumenkohl mit Currysauce oder Zitronenrahmsauce 261
Bohnen italienisch 261
– mit Schnittlauch-Eier-Sauce 262
Honigkarotten mit Brennesselspitzen 262
Krautfleckerl 263
Lauch-Rahm-Gemüse 259
Paprikatopf 264
Rotweinzwiebeln 268
Schwarzwurzeln 266
Sellerieschnitzel 260
Spargel 267
Tomaten, geschmolzene 266
Zucchini in Leinsamensauce 265

SAUCEN

Béchamelsauce 272
Currysauce 276
Kerbelsauce 275
Knoblauchsauce 275
Koriandersauce 276
Kümmelsauce 275
Meerrettichsauce 275
Muskatsauce 275
Olivensauce 272
Orangensauce 275
Parmesansauce 275
Pilzsauce 276
Rahmsauce mit Waldpilzen 269
Roquefortsauce 275
Schokoladensauce 273
Senfsauce 275
Tomatensauce, mild-lieblich 270
–, würzig 271
Vanillesauce 273
Weinsauce 276
Zitronenrahmsauce 274

DESSERTS

Apfel-Haselnuß-Parfait 279
Apfelsauce 282
Bananen, gebratene 285
Erdbeer-Rahmeis 278
Erdbeersorbet 282
Germknödel 290
Gewürzparfait 281
Hollerröster 284
Holunderblüten-Pfannkuchen 287
Holundersorbet 283

Kokosparfait 281
Krokanteis 279
Orangensavarin 291
Pfannkuchenteig, Grundrezept 287
Preiselbeersorbet 283
Rahmäpfel 285
Rote Grütze 288
Rotweinbirnen 286
Schokoladen-Nuß-Parfait 280
Sorbet, Grundrezept 281
– von roten Johannisbeeren 282
– von schwarzen Johannisbeeren 282
Tapioka-Rahmspeise mit Schwarzkirschen 289
Vanilleeis 277
Walderdbeersuppe 288
Waldhonigeis 278
Waldhonigsabayon 283
Zimteis 279
Zwetschgenröster 284
Zwetschgen-Walnuß-Parfait 280

BONBONS UND PRALINEN

Butterkaramellen 298
Dattelschiffchen 294
Frischkostpralinen 297
Fruchtschnitten 299
Halva 294
Ingwerkugeln 295
Kokoswürfel 296
Marzipan, Grundrezept 293
Rumkugeln 297
Rum-Rosinen-Ecken 298
Schoko-Kokos-Würfel 296
Sesamschnitten 294
Zimtherzen 295

HEYNE KOCHBÜCHER

Gesunde Küche und Biokost im Heyne-Taschenbuch.

07/4568

07/4569

07/4576

07/4495

07/4559

07/4459

07/4498

07/4295

HEYNE KOCHBÜCHER

Die größte Kochbuch-Spezialsammlung! Praktisch, handlich, preiswert

07/4500

07/4563

07/4578

07/4573

07/4570

07/4510

07/4577

07/4567

HEYNE KOCHBÜCHER

Die größte Kochbuch-Spezialsammlung! Praktisch, handlich, preiswert

07/4571

07/4574

07/4564

07/4555

07/4575

07/4501

07/4502

07/4586

»Gesundheit aus dem Garten der Natur«

INGEBORG MÜNZING-RUEF

Die erfolgreiche Autorin Ingeborg Münzing-Ruef hat die neuesten Forschungsergebnisse zusammengetragen und gibt eine Fülle von Tips und Ratschlägen, um besser und gesünder zu leben.

08/4873   08/9132   08/9023

Wilhelm Heyne Verlag München

Heyne Taschenbücher.
Das große Programm von Spannung bis Wissen.

Allgemeine Reihe mit großen Romanen und Erzählungen	Heyne Biographien	Blaue Krimis/Crime Classics
Tip des Monats	Heyne Lyrik	Der große Liebesroman
Heyne Sachbuch	Heyne Ex Libris	Romantic Thriller
Heyne Report	Heyne Ratgeber	Exquisit Bücher
Heyne Psycho	Ratgeber Esoterik	Heyne Science Fiction
Scene	Heyne Kochbücher	Heyne Fantasy
Heyne MINI	Kompaktwissen	Bibliothek der SF-Literatur
Heyne Filmbibliothek	Heyne Western	

Jeden Monat erscheinen mehr als 40 neue Titel.

Ausführlich informiert Sie das Gesamtverzeichnis
der Heyne-Taschenbücher.
Bitte mit diesem Coupon oder mit Postkarte anfordern.

Senden Sie mir bitte kostenlos das neue Gesamtverzeichnis

Name

Straße

PLZ/Ort

**An den Wilhelm Heyne Verlag
Postfach 20 12 04 · 8000 München 2**